Tribuns du peuple
et syndicats

Tribuns *du* peuple *et* syndicats

KARL MARX

VLADIMIR I. LÉNINE

LÉON TROTSKY

FARRELL DOBBS

JACK BARNES

Pathfinder
NEW YORK LONDRES MONTRÉAL SYDNEY

Rédaction : Steve Clark
Rédaction de la traduction en français : Michel Dugré

Copyright © 2020 Pathfinder Press
Tous droits réservés
All rights reserved

ISBN 978-1-60488-115-8
Numéro de contrôle de la Bibliothèque du Congrès /
Library of Congress Control number 2020935375

Imprimé au Canada
Manufactured in Canada

CONCEPTION GRAPHIQUE DE LA PAGE COUVERTURE : Toni Gorton

PEINTURE DE LA COUVERTURE : Patrick Heron, *Blue Painting : septembre 1961-septembre 1962*, 1962, huile sur toile, 121,9 x 182,9 cm. © The Estate of Patrick Heron.
All rights reserved / Tous droits réservés, DACS/ARS 2019.

Pathfinder
www.pathfinderpress.com
Courriel : pathfinder@pathfinderpress.com

TABLE DES MATIÈRES

À propos des auteurs	9
Introduction	
Jack Barnes	13

PREMIÈRE PARTIE
Les tribuns du peuple
Vladimir I. Lénine   45

DEUXIÈME PARTIE
Les syndicats à l'époque de la décadence impérialiste
Léon Trotsky

Préface *Farrell Dobbs*	51
Les syndicats à l'époque de la décadence impérialiste	59
Les syndicats et les comités d'usine	77
Discussion avec un responsable du CIO	85
Du contrôle ouvrier à un gouvernement de travailleurs et d'agriculteurs	97
« La tâche consiste à créer une garde de défense dans les syndicats »	107

TROISIÈME PARTIE
« À Minneapolis, nous pouvons commencer à le démontrer à tout le pays »

Autodéfense ouvrière,
  ne pas dépendre de l'État des patrons
  Farrell Dobbs — 113

Un syndicat industriel de tous les chauffeurs
  Farrell Dobbs — 127

« Courage, discipline et un plan de bataille »
  Jack Barnes — 133

QUATRIÈME PARTIE
Les syndicats : leur passé, leur présent et leur avenir
  Karl Marx — 159

Index — 165

LE CAHIER DE PHOTOS SUIT LA PAGE — 42

AUTRES PHOTOS ET ILLUSTRATIONS

En campagne à Pittsburg, Californie, 2011 ; à Bâton-Rouge,
  Louisiane, 2016 — 21

Occupations d'usine en France (1936)
  et aux États-Unis (1937) — 81

Frank Hague, le maire à l'esprit fasciste de Jersey City,
  New Jersey, 1938 — 115

William Pelley, chef des Chemises d'argent ;
  George Belden, dirigeant du groupe patronal ;
  Garde de défense syndicale, Minnesota, 1938 — 119

Les chauffeurs de taxi se joignent à la grève
  des Teamsters en 1934 ; un inspecteur gouvernemental
  harcèle un propriétaire de camion, 1936 — 129

Manifestation des mineurs en grève
  contre la compagnie Co-Op en Utah, octobre 2004 — 135

Piquet de grève à la mine Co-Op, décembre 2003 — 137

Les chauffeurs affrontent la police en mai 1934,
pendant la grève des Teamsters à Minneapolis *139*

Arrestation de Ray Dunne, dirigeant des Teamsters,
août 1934 ; l'organisation auxiliaire des femmes au
quartier général de la grève *140*

Farrell Dobbs, candidat du SWP à la présidence
des États-Unis, Détroit, 1948 ; au cours d'un voyage
d'information à Cuba, avril 1960 *145*

Ray Rainbolt, commandant en chef de la Garde
de défense syndicale, Minnesota, 1941 *149*

Campagne de syndicalisation des travailleurs agricoles,
Watsonville, Californie, mars 2016 *161*

À PROPOS DES AUTEURS

Vladimir I. Lénine (1870-1924) était le dirigeant central du Parti bolchevique, qui a conduit les travailleurs et les paysans au pouvoir lors de la première révolution socialiste dans le monde, en octobre 1917. Il a été président du gouvernement révolutionnaire des travailleurs et des paysans de l'Union des républiques socialistes soviétiques. Lénine a été le dirigeant fondateur de l'Internationale communiste, qui cherchait à construire à travers le monde des partis prolétariens capables de conquérir le pouvoir d'État comme les travailleurs en Russie avaient réussi à le faire.

Dans la dernière année de sa vie politique active, Lénine a dirigé la lutte au sein du Parti communiste de l'Union soviétique contre la voie suivie par une petite bourgeoisie croissante et par des couches bourgeoises émergentes que Joseph Staline en est venu à représenter.

Léon Trotsky (1879-1940) a fait partie de la direction centrale que Lénine a forgée et qui a organisé la conquête révolutionnaire du pouvoir par les travailleurs et les paysans de Russie en octobre 1917. Trotsky a commandé l'armée rouge, qui a défait les troupes contre-révolutionnaires et les envahisseurs impérialistes au cours de la guerre civile de 1918-1920. Un des dirigeants fondateurs de l'Internationale communiste, il a dirigé les communistes en Union soviétique et ailleurs dans le monde qui ont lutté pour maintenir la voie internationaliste prolétarienne de Lénine. Il a continué ce combat en exil, après avoir été déporté en 1929 par la majorité anti-léniniste du gouvernement de l'URSS, dirigée par Joseph Staline.

En collaboration avec la direction du Parti socialiste des travailleurs (SWP) aux États-Unis, Trotsky a rédigé en 1938 un programme, souvent appelé « Programme de transition, » que la conférence de fondation du mouvement international qu'il dirigeait a ensuite discuté et adopté. Trotsky a été assassiné au Mexique par la police secrète de Staline.

Farrell Dobbs (à gauche) et Léon Trotsky au Mexique, en janvier 1940.

Farrell Dobbs (1907-1983), secrétaire national du Parti socialiste des travailleurs de 1953 à 1972, a émergé des rangs du syndicat des Teamsters comme un dirigeant central des batailles qui ont transformé le mouvement syndical pendant la grande dépression. Il a été l'un des dirigeants des grèves de 1934 qui ont transformé Minneapolis en un bastion syndical et des campagnes de syndicalisation qui ont incorporé dans les rangs des Teamsters un quart de million de routiers du centre des États-Unis. Pendant la seconde guerre mondiale, les dirigeants impérialistes américains ont jeté en prison Farrell Dobbs et d'autres dirigeants de lutte de classe qui organisaient l'opposition syndicale aux objectifs de guerre de Washington. En 1940, Dobbs a démissionné de son poste d'organisateur général dans l'état-major national des Teamsters pour devenir secrétaire syndical du Parti socialiste des travailleurs. Il a été le candidat du SWP à la présidence des États-Unis à quatre reprises.

Jack Barnes est le secrétaire national du Parti socialiste des travailleurs. Il est membre du Comité national du parti depuis 1963 et son secrétaire national depuis 1972. Barnes a passé l'été 1960 à Cuba et a adhéré à son retour au SWP et à l'Alliance des jeunes socialistes. Il a assumé alors la direction centrale du travail du parti dans le Comité fairplay pour Cuba. En 1965, il a rencontré Malcolm X à deux reprises pour une interview publiée dans la revue *Young Socialist*.

ARTHUR HUGHES/THE MILITANT

Jack Barnes prend la parole devant 400 personnes à la Conférence des travailleurs actifs de juin 2018, à Oberlin en Ohio.

Depuis le milieu des années 70, Barnes dirige le cours politique du SWP et de ses partis frères dans le monde pour construire des partis communistes dont la grande majorité des membres et dirigeants sont des travailleurs et des syndicalistes engagés dans un travail visant à faire avancer la mobilisation de la classe ouvrière et de ses alliés vers la conquête révolutionnaire du pouvoir d'État.

Karl Marx (1818-1883) a été le dirigeant fondateur, avec Friedrich Engels, du mouvement ouvrier révolutionnaire moderne. Avec Engels, il en a rédigé le programme, le *Manifeste communiste*. Un fondateur de la Ligue communiste (1847-1852), Marx a joué un rôle important dans la révolution de 1848-1849 en Al-  lemagne. Il a été le dirigeant fondateur du Conseil général de l'Association internationale des travailleurs (1864-1876), souvent appelée Première Internationale. Les écrits de Marx et Engels ont servi d'assises politiques pour l'activité des révolutionnaires prolétariens du monde entier depuis plus d'un siècle et demi.

On trouvera dans les dernières pages de ce livre des ouvrages contenant des écrits et discours de V. I. Lénine, Karl Marx, Léon Trotsky, Farrell Dobbs, Jack Barnes et d'autres dirigeants ouvriers révolutionnaires.

INTRODUCTION

JACK BARNES

Tribuns du peuple et syndicats est un livre qui complète *Le visage changeant de la politique aux États-Unis : la politique ouvrière et les syndicats* et *Malcolm X, la libération des Noirs et la voie vers le pouvoir ouvrier*. Chacun traite de la mobilisation révolutionnaire de la classe ouvrière et de la construction d'un parti ouvrier sous un angle différent. Ils se renforcent mutuellement.

Les auteurs de ce livre, Karl Marx, V. I. Lénine, Léon Trotsky, Farrell Dobbs et Jack Barnes, s'appuient sur des générations de luttes révolutionnaires des travailleurs pour expliquer pourquoi le travail pour renforcer les syndicats n'est pas seulement essentiel à l'unité combative et à la force de frappe politique de la classe ouvrière. Il est aussi indispensable pour construire un tel parti.

Pourtant, l'activité d'un parti prolétarien ne commence ni ne se termine avec les syndicats. Elle commence par des efforts pour accroître la portée *politique* du parti dans toutes les directions : villes, villages et fermes ; en échangeant nos opinions et en partageant nos expériences avec toutes les différentes couches de travailleurs, d'agriculteurs, de petits producteurs et d'autres classes laborieuses, sans distinction de sexe, de couleur de peau, de langue ou d'origine nationale ; en élargissant nos horizons culturels et notre connaissance de l'histoire et du monde ; en reconnaissant que la conscience de classe implique non seulement la lutte entre le travail et le capital, mais aussi les relations entre toutes les classes, l'État et le gouvernement.

Ces écrits nous aident à comprendre qu'un parti révolutionnaire utilise chaque exemple d'oppression capitaliste pour clarifier comment les travailleurs peuvent surmonter les efforts des patrons et de leur système politique pour intensifier la concurrence et les divisions parmi nous afin de récolter des milliards en profits. Ils nous montrent comment nous pouvons travailler ensemble dans des actions politiques, des protestations sociales et des activités de solidarité pour défendre nos intérêts de classe communs.

Surtout, les auteurs nous expliquent pourquoi seule la conquête du pouvoir d'État par la classe ouvrière et ses alliés peut « jeter les bases d'un monde fondé non pas sur l'exploitation, la violence, la discrimination raciale, des ordres hiérarchiques de classe et la concurrence des loups qui se mangent entre eux, » comme cela est expliqué dans les pages de *Malcolm X, la libération des Noirs et la voie vers le pouvoir ouvrier*, « mais sur une solidarité entre les travailleurs qui encourage la créativité et la reconnaissance de la valeur de chaque individu, quels que soient son sexe, son origine nationale ou la couleur de sa peau. Un monde socialiste. »

∼

Vers la fin des années 50 et au début des années 60, ce cours politique prolétarien avait commencé à attirer une nouvelle génération de jeunes pourvus d'un esprit révolutionnaire. Nous avons été recrutés au parti communiste aux États-Unis, le Parti socialiste des travailleurs (SWP) : un parti né il y a 100 ans au cours de la vague révolutionnaire qui a déferlé sur le monde à la suite des destructions et du bain de sang causés par la première guerre mondiale et à la suite de la révolution bolchevique en Russie, la première révolution socialiste victorieuse de l'histoire. Un parti forgé au cours des grandes batailles prolétariennes des années 30 et de la dure épreuve d'une nouvelle boucherie impérialiste internationale, la deuxième guerre mondiale. La nouvelle génération dont nous faisions partie aux États-Unis se transformait politiquement sous l'impact de notre participation aux luttes de masse qui ont fait tomber la ségrégation de *Jim Crow* dans le Sud. Ces batailles ont donné au racisme et à la discrimination le coup le plus dur depuis la victoire de l'Union dans la guerre civile et la reconstruction radicale.

La reconnaissance par le premier ministre soviétique Nikita Khrouchtchev en 1956 des crimes commis par le régime de Joseph Staline, suivie, au cours de la même année, par les soulèvements populaires dirigés par la classe ouvrière en Hongrie et en Pologne (tous deux brutalement réprimés par Moscou sous les ordres de Khrouchtchev), ont confirmé pour nous le fait que l'emprise suffocante sur la majorité du mouvement ouvrier, non seulement de la social-démocratie mais maintenant aussi du stalinisme, commençait à se desserrer.

Au début des années 60, la révolution socialiste a triomphé à Cuba sous la direction politique de Fidel Castro et du Mouvement du 26 juillet, une direction révolutionnaire populaire intransigeante et dont les racines étaient étrangères au mouvement stalinien. Cette victoire, à seulement 140 kilomètres de la frontière des États-Unis, nous a convaincus que des luttes révolutionnaires par les travailleurs et leurs alliés étaient non seulement inévitables aux États-Unis aussi, mais qu'on pouvait les gagner.

Notre éducation politique pratique avait commencé lorsque, avec des membres plus âgés et expérimentés du Parti socialiste des travailleurs, nous avions pris part à ces luttes et à d'autres combats dont nous nous faisions les champions aux États-Unis et ailleurs dans le monde. Des livres que les membres du parti nous encourageaient à lire et à étudier nous ont aidés à approfondir ces leçons : c'étaient des livres qui nous aidaient à acquérir une perspective historique et à voir nos actions dans le cadre de la longue marche de la classe ouvrière et de ses alliés vers leur émancipation de toute forme d'exploitation et d'oppression. La lecture de l'hebdomadaire *The Militant*, dont l'en-tête proclame fièrement qu'il est « publié dans l'intérêt des travailleurs, » nous permettait de consolider ces leçons. Nous apprenions, au milieu de toutes nos activités, en discutant pendant des heures et des heures avec des cadres et des dirigeants du parti, trempés par des décennies d'expérience dans la lutte de classe et la politique ouvrière.

Nous avons adhéré au Parti socialiste des travailleurs parce que nous nous sommes convaincus qu'il forgeait le parti prolétarien qu'il faudrait pour diriger une révolution socialiste victorieuse aux États-Unis. Nous savions que le SWP agissait avec la compréhension, et la conviction, que les crises capitalistes qui mèneraient à des opportunités révolutionnaires étaient inévitables. Celles-ci sont inhérentes au fonctionnement même du système de production, de crédit et de commerce du capitalisme, y compris à ses « succès » cycliques.

La participation du parti dans les batailles aux États-Unis pour les droits des Noirs, le mouvement contre la guerre du Vietnam et la montée des luttes pour l'émancipation des femmes dans les années 60 et 70 s'est traduite par un recrutement accru de jeunes attirés par les luttes des travailleurs et repoussés par les trahisons des *misleaders* staliniens et sociaux-démocrates. Alors que le capitalisme entrait dans une période de stagnation et de crise mondiale au milieu des années 70, les mineurs de charbon, les métallurgistes et d'autres syndiqués ont résisté avec plus de fermeté aux attaques des patrons et de leur gouvernement contre les salaires et même contre la vie et la santé des travailleurs. Le SWP a répondu en effectuant un tournant plus large vers la classe ouvrière et les syndicats industriels.

L'écrasante majorité des membres et des dirigeants du parti ont trouvé des emplois dans l'industrie : dans l'automobile, le rail, le pétrole, l'électricité, l'usinage et la fabrication, l'habillement, la préparation des viandes, le transport aérien, le charbon et l'acier. Avec d'autres militants ouvriers, nous avons commencé à déployer une activité politique et syndicale au sein de la classe ouvrière. En participant à des actions à l'extérieur et à l'intérieur du mouvement ouvrier, les membres du SWP ont cherché à apprendre à *penser socialement* et à *agir politiquement* et à l'enseigner à d'autres travailleurs et syndicalistes. Nous l'avons fait en *utilisant le pouvoir des syndicats* pour promouvoir la *solidarité* et en suivant une voie indépendante des patrons, de leur État et de leurs partis politiques.

Publié pour la première fois en 1981, *Le visage changeant de la politique aux États-Unis* fournit un compte rendu politique de ce tournant. Il comprend des rapports de direction adoptés par le Comité national et par des congrès du SWP. Ce n'est pas un manuel de tactiques. Avant tout, ce livre prépare politiquement le terrain pour que les travailleurs comprennent et agissent face à la crise capitaliste prolongée qui, en ces premières décennies du vingt-et-unième siècle, mine l'ensemble de l'ordre impérialiste mondial : des États-Unis et du reste des Amériques jusqu'à l'Union européenne qui se fracture, le Moyen-Orient et l'Asie centrale dévastés par la guerre, l'Afrique, l'Asie et le Pacifique.

Quand la courbe de développement du capitalisme a commencé à décliner, il y a plus de 40 ans, cela a marqué la fin d'une période, qui avait commencé un quart de siècle plus tôt, au lendemain de la deuxième guerre mondiale, et qui s'était caractérisée, la plupart du temps, par une expansion économique à l'échelle mondiale. « Cette stagnation économique se superpose, ai-je écrit à l'époque, à une tendance croissante, même dans les pays capitalistes les plus stables, à l'éclatement de crises sociales et politiques qui menacent de déclencher une crise généralisée des rapports sociaux du capitalisme. »

∼

Nos expériences durant la lutte des employés du secteur public et de leurs syndicats, dans l'État du Wisconsin au début de 2011, ont confirmé pour nous le cours politique discuté dans *Tribuns du peuple et syndicats*. À partir de la mi-février, des travailleurs du Midwest et au-delà ont commencé à se rendre semaine après semaine à Madison, la capitale de l'État, pour y affirmer leur solidarité envers les travailleurs qui résistaient à un projet de loi antisyndical que le gouverneur Scott Walker et le patronat voulaient faire adopter. Ce projet de loi visait à restreindre les droits de négociation collective des travailleurs, à réduire leurs prestations médicales et de retraite et à soumettre les syndicats des employés du secteur public à des élections annuelles pour prouver qu'ils représentent toujours les travailleurs.

Au début, les actions de protestation contre ce projet de loi attiraient des dizaines de milliers de travailleurs et de partisans venus du Wisconsin, de l'Illinois, de l'Indiana, de l'Iowa, du Minnesota, du Nebraska et d'autres États. Mais pour les hauts responsables des syndicats de la fonction publique, ces actions visaient essentiellement, dès le début, à aider le Parti démocrate à reprendre le poste de gouverneur du Wisconsin et le contrôle de l'assemblée législative de l'État. Ils cherchaient à récolter des appuis pour un référendum en 2012 qui permettrait de destituer le gouverneur républicain Scott Walker et d'obtenir une majorité de l'autre parti du patronat, les démocrates, à l'assemblée de l'État.

À la mi-mars, 14 sénateurs démocrates de l'État, qui s'étaient publiquement « cachés » pendant trois semaines dans des hôtels de l'Illinois, soi-disant pour empêcher l'assemblée législative de l'État d'adopter le projet de loi de Walker faute de quorum, sont revenus au Wisconsin. Les bureaucrates syndicaux et les libéraux les ont salués comme les « 14 fabuleux » et les ont sacrés « héros ». Les sénateurs ont alors annoncé que la tâche consistait maintenant à « porter ce combat dans les élections de 2012. »

Ce cours électoraliste a été l'étendard qu'ils ont imposé aux marches au capitole de l'État, devenues, d'une fin de semaine à l'autre, de plus en plus petites. La loi antisyndicale du Wisconsin a été adoptée et le gouverneur Scott Walker l'a promulguée en mars. Non seulement la tentative de destituer le gouverneur s'est-elle soldée par un échec en 2012, mais Walker a été réélu deux ans plus tard. Ce n'est qu'en novembre 2018 qu'un candidat démocrate l'a finalement battu, par une courte majorité.

Le résultat final de ce cours de collaboration de classe ? Les syndicats des employés de la fonction publique de l'État ont perdu près de 65 pour cent de leurs membres de 2011 à aujourd'hui.

Pendant des semaines au début de 2011, des membres du Parti socialiste des travailleurs, de jeunes socialistes, des agriculteurs solidaires, des collègues de travail et des lecteurs du *Militant* en provenance du Midwest et d'encore plus loin s'étaient joints aux autres travailleurs qui participaient aux actions à Madison. Mais en avril, la direction du SWP a conclu qu'en agissant ainsi, le parti commençait en pratique à s'adapter à la voie suivie par les responsables des syndicats de la fonction publique : une perspective qui sacrifiait à leurs propres objectifs électoraux toute possibilité d'élargir et d'approfondir la lutte. Nous nous adaptions ainsi, bon gré mal gré, aux radicaux petits-bourgeois qui envahissaient Madison, trop contents qu'ils étaient de se mettre à la remorque de cette croisade du Parti démocrate.

Mais ce qui était encore plus important, c'est que nous avions détourné notre attention de là où nous devions la concentrer, *la concentrer politiquement*. Ce n'était pas avant tout sur Madison, la capitale du Wisconsin, son principal centre universitaire et sa deuxième plus grande ville, qu'il fallait concentrer notre attention. Nous devions au contraire nous tourner vers ceux que la candidate démocrate à l'élection présidentielle de 2016 a écartés comme étant un « panier de déplorables » : vers les villes plus petites, les villages et les zones rurales de l'État, dont les travailleurs, les agriculteurs, les chauffeurs-propriétaires, les infirmières, les enseignants, les travailleurs de la santé, les ouvriers qualifiés et petits commerçants qui sont à leur compte sont exploités par le capital. Eux et leurs familles constituent la grande majorité de la population du Wisconsin. Ces régions sont aussi celles où s'effectue une forte proportion de la production, de l'exploitation du travail, non seulement au Wisconsin mais dans tous les États du pays.

Armés de livres, du journal *The Militant*, de nos années d'expérience et de notre confiance politique dans les campagnes électorales communistes que nous menions à travers le pays, les membres du parti, des partisans et jeunes socialistes ont sillonné le Wisconsin. Nous avons frappé aux portes des travailleurs dans des villes comme Janesville, Eau Claire, Kenosha, Waukesha et Green Bay pour parler de la politique aux États-Unis et dans le monde, du programme

« Alors que s'approfondissait la crise du capitalisme, le Parti socialiste des travailleurs a tourné son attention vers les villes plus petites, les villages et les zones rurales où les travailleurs, les agriculteurs, les chauffeurs-propriétaires et les commerçants sont exploités par le capital. »
— Jack Barnes

CAROLE LESNICK/ THE MILITANT

JANICE LYNN/THE MILITANT

En haut : En août 2011, Tim Cameron, un monteur de charpentes métalliques, s'entretient chez lui, à Pittsburg en Californie, avec Paul Mailhot du SWP.

En bas : Bâton-Rouge, Louisiane, juillet 2016. Abdullah Muflahi, propriétaire du Triple S Food Mart, raconte à Osborne Hart, candidat du SWP à la vice-présidence, comment les flics avaient abattu le vendeur de CDs Alton Sterling devant son magasin deux jours auparavant. Les flics ont ensuite arrêté Muflahi, saisi le système vidéo du magasin et pris le téléphone cellulaire sur lequel il avait enregistré le meurtre.

ouvrier du parti et surtout de comment nous pouvons nous transformer dans le feu de luttes sans compromis.

Nous avons discuté avec des travailleurs, des agriculteurs et d'autres travailleurs à Richland Center, Spring Green, Stoughton, Rice Lake, Marshfield et dans plusieurs autres villages et régions rurales avoisinantes. Nous ne discutions pas de quels candidats démocrates ou républicains soutenir lors des élections de l'année à venir, mais de ce que *nous-mêmes* pouvons *faire*, de ce que nous pouvons tous faire *ensemble*, dès maintenant.

Ce brusque tournant au début de 2011, que les membres du Parti socialiste des travailleurs ont commencé à appeler « le tournant du Wisconsin, » a été depuis ce temps le fondement de l'activité propagandiste du parti, semaine après semaine, partout aux États-Unis. Les travailleurs socialistes effectuent ce travail de campagne politique de manière indifférenciée parmi les travailleurs asiatiques, latinos, caucasiens et noirs ; hommes et femmes ; nés à l'étranger et dans le pays ; avec ou sans emploi.

De bonnes *cartes routières*, et non pas des GPS ou des horaires de train et d'autocars, sont des guides irremplaçables pour se rendre aux seuils de portes, sans idées préconçues, sans préjugés, dans une partie ou l'autre de la région. Nous montons en voiture et nous prenons la route. Nous allons d'un village à une plus grande ville, à une ferme. Les travailleurs que nous rencontrons sur le pas de leurs portes ou ailleurs nous suggèrent d'autres endroits où aller, comme le font nos propres voisins et compagnons de travail lorsque nous leur disons où nous allons et ce que nous faisons.

∽

Les conditions de vie et de travail de la grande majorité des travailleurs et de leurs familles se sont fortement dégradées au cours des dernières décennies, sous des administrations aussi bien démocrates que républicaines.

Depuis la crise financière mondiale qui a éclaté en 2007-2008, ce déclin s'est accéléré et son coût humain est devenu de plus en plus différencié parmi des couches distinctes de travailleurs. La classe des employeurs dégrade la santé et la sécurité au travail en même temps qu'elle rend les produits et les services que nous faisons de nos propres mains plus dangereux et peu fiables. Nous connaissons tous les catastrophes aériennes, les déraillements de trains, les empoisonnements alimentaires de masse et la destruction de la terre, de l'air et de l'eau de notre planète.

Le peuple travailleur fait face à la propagation de la dépendance aux opioïdes et à l'héroïne, aux faillites et saisies de fermes, au travail temporaire et à la baisse des salaires réels. Les taux de suicide augmentent chez les anciens combattants, les agriculteurs, les chauffeurs de taxi et d'autres personnes écrasées par la dette, dont un grand nombre sont dans la force de l'âge. Un indicateur indiscutable de la crise sociale mortelle à laquelle les travailleurs font face : l'espérance de vie aux États-Unis a chuté pendant trois années consécutives depuis 2015.

De plus en plus de jeunes travailleurs n'arrivent pas à gagner assez d'argent, même s'ils occupent parfois deux emplois (ou plus), pour quitter le foyer familial, trouver un logement abordable, se marier et fonder une famille. Selon le Bureau du recensement des États-Unis, un tiers des travailleurs qui ont entre 18 et 34 ans vivent aujourd'hui chez leurs parents, soit un bond de plus de 30 pour cent depuis 2005.

Les travailleurs et les agriculteurs qui sont dans la vingtaine n'ont connu que des périodes où bon nombre d'entre eux sont périodiquement transformés en chair à canon pour les fauteurs de guerre à Washington : en Irak à deux reprises et pour de longues périodes depuis 1991, en Afghanistan depuis près de 20 ans, ainsi qu'en Syrie, en Libye, au Niger et au Yémen. Les familles de la classe dirigeante *nous* déploient, nous, *nos* fils et *nos* filles, pour tuer d'autres travailleurs et être tués, pour mutiler pour toute une vie et pour être mutilés pour toute une vie, afin de promouvoir *leurs* intérêts de classe, afin de sécuriser les ressources naturelles dont *ils* sont avides et afin de maximiser *leurs* profits. Toujours en prétendant le faire pour maintenir un « ordre mondial libéral » illusoire et pour obtenir une « paix » durable.

Telles sont les conditions de vie et les histoires que les militants socialistes découvrent semaine après semaine lorsque nous allons de ville en ville, ou au travail, dans les emplois que nous occupons dans l'industrie, les transports, les grandes surfaces et d'autres lieux de travail.

Nous encourageons ceux que nous rencontrons, ainsi que leurs collègues de travail et les membres de leurs familles, à nous accompagner pour affirmer notre solidarité envers les travailleurs en grève. Nous leur demandons de participer avec nous à des événements politiques ou des protestations sociales : des actions pour renforcer la lutte contre la discrimination raciale ; exiger la mise en examen de policiers coupables d'agressions et de meurtres ; défendre des cliniques qui offrent aux femmes des services de planning familial, y compris le droit à un avortement en toute sécurité ; pour redonner le droit de vote à tous ceux qui ont passé du temps en prison ; ou obtenir l'amnistie générale pour les immigrés, une revendication fondamentale dans la lutte pour unifier et renforcer toute la classe ouvrière et le mouvement syndical. Nous encourageons tous ceux que nous rencontrons à soutenir avec nous les candidats du Parti socialiste des travailleurs à travers le pays.

Dans le cadre de cette activité hebdomadaire systématique, les travailleurs socialistes et leurs partisans discutent avec d'autres travailleurs des livres de dirigeants du SWP et de ceux d'autres dirigeants révolutionnaires. Aucun journal ou article ne peut fournir à lui seul ce que peuvent offrir des livres comme les trois sur lesquels nous avons porté notre attention dans cette introduction et bien d'autres encore. Les livres fournissent des explications que les travailleurs et les agriculteurs peuvent lire, étudier, partager avec d'autres, et sur lesquelles ils peuvent revenir plus d'une fois à mesure que nos propres expériences nous permettent de les relire et de mieux les comprendre. Ils nous situent dans *l'histoire*, le long de la ligne de marche du peuple travailleur autour de la planète.

Les livres expliquent, plus profondément que ne peut le faire un article de journal et avec plus d'exemples, pourquoi la domination des familles capitalistes et leur système de profit inhumain sont la source des problèmes auxquels les travailleurs font face. Ils expliquent comment l'esclavage salarié et la lourde charge de l'esclavage de la dette exploitent les différentes couches de la population laborieuse. Ils expliquent pourquoi les dirigeants capitalistes, et les classes moyennes supérieures et professionnelles qui servent leurs intérêts, considèrent tous les travailleurs comme des personnes « déplorables » : qu'il s'agisse des travailleurs aux États-Unis, de nos frères et soeurs « gilets jaunes » en France, des intransigeants « pro-Brexit » au Royaume-Uni ou des travailleurs ailleurs en Europe ou dans le reste du monde.

∼

« Tribuns du peuple, » les premiers mots du titre de ce nouveau livre, proviennent de *Que faire ?* la brochure de 1902 de V. I. Lénine dont une section ouvre le livre. Tout membre du parti a pour tâche, a écrit Lénine, d'agir en tant que « tribun du peuple, capable de réagir à toute manifestation de tyrannie et d'oppression, où qu'elle se produise. »

Lénine était le dirigeant central du parti bolchevique qui a mené à la victoire les travailleurs, paysans, soldats et marins dans la première révolution socialiste de l'histoire en octobre 1917. Ils ont renversé le pouvoir des exploiteurs capitalistes, des propriétaires fonciers et des fauteurs de guerre de la Russie tsariste, encore encombrée de vestiges de féodalisme, et ont porté au pouvoir des conseils de masse, *soviets* en russe, de représentants élus des classes laborieuses qui ont fait la révolution.

Un membre du parti discipliné, a écrit Lénine, doit avant tout être un « dirigeant politique, » pas un « secrétaire de syndicat. » En disant cela, Lénine ne dénigrait ni les syndicats ni l'activité syndicale. Au contraire, un secrétaire syndical, disait-il, « aide constamment les travailleurs à mener la lutte économique » contre les employeurs et le gouvernement ; « il les aide à dénoncer les mauvais traitements à l'intérieur de l'usine ; il explique l'injustice des lois et des dispositions qui entravent la liberté de grève et de piquetage (pour prévenir tout le monde qu'il y a une grève dans une usine donnée) ; il explique le parti pris des juges de cours d'arbitrage qui appartiennent aux classes bourgeoises, etc. »

Les travailleurs syndiqués qui ont une conscience de classe font ce genre de choses et bien plus encore dans le conflit incessant entre le travail et le capital. Cependant, pour les travailleurs-bolcheviks, a dit Lénine, cette « lutte économique » est toujours un élément qui permet de construire le pont nécessaire vers la lutte *politique* « pour l'émancipation du prolétariat. »

Au milieu de l'année 1917, à peine quelques mois avant la révolution d'octobre, Léon Trotsky s'était convaincu de la justesse de la perspective des bolcheviks. Ce qui l'avait persuadé, c'était Lénine lui-même et ses propres expériences révolutionnaires en Russie et ailleurs. Sous la direction politique de Lénine, Trotsky a assumé un niveau de responsabilité que seul Lénine a surpassé pour organiser l'insurrection, défendre la jeune république soviétique et lancer, en mars 1919, un mouvement mondial de partis prolétariens révolutionnaires bientôt connu partout sous le nom d'Internationale communiste.

Aux États-Unis comme dans le monde entier, la révolution bolchevique a inspiré les travailleurs à l'esprit révolutionnaire qui cherchaient à reproduire ce que les travailleurs et les producteurs ruraux exploités au sein de l'empire russe avaient accompli en créant leur propre État ouvrier. En août 1919, stimulés par la formation quelques mois auparavant d'un mouvement mondial dont le but était la révolution socialiste, ils ont fondé le premier parti communiste de ce pays.

L'année 2019 marque le centième anniversaire de la naissance de cette organisation, qui s'appelle depuis 1938 le Parti socialiste des travailleurs (SWP).

∽

Farrell Dobbs a été l'un des principaux dirigeants des grèves et des campagnes de syndicalisation organisées par les Teamsters dans les années 30 et qui ont donné un puissant élan au mouvement syndical industriel aux États-Unis. De 1940 à 1952, il a été secrétaire du travail syndical et secrétaire organisationnel du SWP, à l'exception des 13 mois, en 1944 et au début de 1945, où lui et d'autres dirigeants du SWP et des Teamsters ont été incarcérés dans une prison fédérale pour avoir organisé l'opposition, dans les syndicats et plus largement dans la classe ouvrière, à l'entrée de Washington dans la deuxième guerre mondiale.

Il a été secrétaire national du parti de 1953 jusqu'en 1972 lorsque j'ai commencé à assumer cette responsabilité. La deuxième partie du livre commence par une préface que Farrell a écrite en 1969 pour présenter quelques textes de Trotsky sur les syndicats reproduits dans cette section. « En marxiste qu'il était, Léon Trotsky, bien entendu, s'intéressait profondément à toutes les questions relatives à la mobilisation révolutionnaire de la classe ouvrière. Il suivait avec intérêt les changements qui s'opéraient dans les syndicats de différents pays et les questions de stratégie et de tactique que ces changements posaient aux révolutionnaires. »

Cette observation de Farrell est importante. Trotsky « s'intéressait profondément » aux problèmes stratégiques et tactiques dans les syndicats parce qu'il « s'intéressait profondément à toutes les questions relatives à la mobilisation révolutionnaire de la classe ouvrière. »

Mon introduction de 2003 à la traduction espagnole de *Rébellion Teamster*, le premier d'une série de quatre volumes sur les batailles syndicales que Farrell a contribué à diriger dans les années 30, développe ce guide pour l'action révolutionnaire ouvrière et les syndicats. Elle est reproduite ici dans la troisième partie du livre avec des extraits de deux de ces volumes.

À partir de sa propre expérience, Farrell Dobbs savait que, pour réussir, toute mobilisation révolutionnaire de la classe ouvrière doit « conduire à l'indépendance politique vis-à-vis de la classe dirigeante des couches de plus en plus importantes de travailleurs, avec ou sans emploi, et leurs alliés, les agriculteurs et les petits producteurs ruinés. » Aucune organisation de la classe ouvrière ne pourra vaincre la classe patronale et son pouvoir d'État si elle ne s'appuie que sur la mobilisation des travailleurs salariés dans les grandes régions métropolitaines des États-Unis.

Cependant, s'ils ont une direction de haut calibre avec une perspective de lutte de classe, une direction prolétarienne qui agit socialement et pense politiquement, les syndicats peuvent aller à la rencontre des travailleurs et de leurs alliés dans les petites villes et les villages et les organiser : femmes et hommes, travailleurs de toutes les couleurs de peau, nationalités ou langues maternelles, quel que soit leur statut d'immigration ou leur religion. Petits agriculteurs. Travailleurs agricoles. Chômeurs. Plombiers, électriciens, mécaniciens et autres ouvriers qualifiés. Petits commerçants. Travailleurs indépendants qui possèdent leurs propres outils, même des outils de très grande taille comme une semi-remorque, un bateau de pêche, un taxi ou un véhicule utilitaire (dont ils « partagent » presque toujours la propriété avec les banques, auxquelles ils paient des intérêts et espèrent rembourser le principal).

Cette façon de considérer que les autres exploités et opprimés sont *des travailleurs comme nous*, sans tenir compte de ce que dit le gouvernement des patrons à propos de leurs « papiers », a été une leçon centrale des batailles des Teamsters des années 30, une leçon qui devient de plus en plus nécessaire à chaque décennie qui s'écoule. C'est la voie à suivre pour attirer des jeunes, des artistes, des musiciens et d'autres personnes vers la classe ouvrière ; une voie pour qu'eux-mêmes trouvent des emplois dans l'industrie et qu'ils fassent partie du mouvement ouvrier.

Comme le souligne Farrell dans un passage de *Rébellion Teamster* inclus ici, les hauts dirigeants syndicaux considèrent la plupart des membres des syndicats, et la grande majorité des travailleurs qui ne sont pas syndiqués, comme des « détritus », que les dirigeants du Parti démocrate aujourd'hui qualifient dédaigneusement de « déplorables ». En revanche, les travailleurs révolutionnaires luttent pour gagner d'autres producteurs à la classe ouvrière et les organiser afin qu'ils fassent partie intégrante du mouvement syndical, un mouvement *indépendant* des patrons et des banquiers, de leur État et de leurs partis. C'est une condition préalable à tout progrès vers « la mobilisation révolutionnaire de la classe ouvrière » dont parle Farrell.

Sinon, à mesure que la crise capitaliste s'approfondira et que les défaites s'accumuleront, certaines couches du peuple travailleur et des classes moyennes les plus défavorisées se tourneront vers la démagogie raciste, anti-immigrante et antisémite de l'extrême-droite ou vers la gauche anarchiste dont les provocations entraînent la mort et les divisions. Dans les deux cas, les classes possédantes recevront de l'aide pour tenter de sauver leur domination politique inhumaine fondée sur le profit.

Farrell Dobbs a expliqué que tout ce que poursuivaient les Teamsters et tout ce qu'ils ont obtenu dans leurs batailles ont aidé la classe ouvrière à avancer vers la lutte pour le pouvoir politique. Comme l'explique l'introduction à *Rébellion Teamster*, il « savait mieux que quiconque que ce qu'il accomplissait n'était possible que parce qu'il faisait partie de la large couche de cadres dirigeants du parti communiste fondé en 1919, pour faire aux États-Unis ce que les bolcheviks venaient de faire en Russie, le parti qui prendra en 1938 le nom de Parti socialiste des travailleurs. »

∽

Karl Marx a écrit le dernier texte de ce livre, « Les syndicats : leur passé, leur présent et leur avenir. » Il a été le dirigeant central du premier mouvement ouvrier communiste international de l'histoire. Lui et Friedrich Engels ont rédigé en 1847 le programme fondateur de cette organisation, maintenant connu sous le nom de *Manifeste communiste*. Selon Marx et Engels, les deux seules choses qui distinguent les communistes des autres courants politiques de la classe ouvrière sont :

1. Dans les luttes nationales des prolétaires des différents pays, ils soulignent et font valoir les intérêts communs à l'ensemble du prolétariat et indépendants de toute nationalité.
2. Dans les diverses phases de développement que doit traverser la lutte de la classe ouvrière contre la bourgeoisie, ils représentent toujours et partout l'intérêt de l'ensemble du mouvement.

Karl Marx a écrit « Les syndicats : leur passé, leur présent et leur avenir » une vingtaine d'années plus tard. Mais ce texte est resté fidèle au *Manifeste communiste* dans tous ses aspects et il sert encore à guider l'activité des travailleurs communistes dans les syndicats.

Pour se convertir en « foyers organisateurs de la classe ouvrière dans le but large de sa *complète émancipation,* » écrit Marx, les syndicats doivent « regrouper dans leurs rangs les travailleurs qui ne sont pas organisés en syndicats. Ils doivent veiller avec le plus grand soin aux intérêts des travailleurs les plus misérablement rétribués, notamment les travailleurs agricoles, que des circonstances exceptionnelles rendent impuissants. » Par-dessus tout, « ils doivent convaincre le monde dans son ensemble que leurs efforts, loin d'être étroits et égoïstes, ont pour objectif l'émancipation de millions d'opprimés. »

Cette résolution a été débattue et approuvée par l'Association internationale des travailleurs qui, depuis sa fondation en 1864, avait mené une campagne inconditionnelle en faveur de la victoire de l'Union dans la guerre révolutionnaire qu'elle livrait alors contre l'esclavage aux États-Unis. La Première Internationale, comme on a fini par l'appeler, était alors pratiquement la seule organisation de quelque type que ce soit à admettre des femmes dans ses rangs. Ses statuts, aussi écrits par Marx, stipulaient que ses membres s'engageaient à se conduire eux-mêmes « entre eux et vis-à-vis de tous les hommes, sans préjugés de couleur, de croyance ou de nationalité. »

∼

L'article de Léon Trotsky, « Les syndicats à l'époque de la décadence impérialiste, » se trouve dans la deuxième partie du livre. Il a été trouvé inachevé sur le bureau de Trotsky après son assassinat par des agents du régime meurtrier et contre-révolutionnaire de Joseph Staline en août 1940. À partir de la fin des années 20, une couche sociale privilégiée, représentée par Staline, a émergé en Union soviétique sous une bannière réactionnaire, nationaliste russe : construire le « socialisme dans un seul pays. » Cette couche a réalisé une contre-révolution politique contre le cours internationaliste prolétarien de Lénine et contre ceux qui appuyaient ce cours au sein du mouvement communiste mondial.

L'indépendance de la classe ouvrière par rapport à l'État capitaliste, a écrit Trotsky dans cet article de 1940, ne peut se réaliser sans une « une lutte pour transformer les syndicats en organes des larges masses exploitées et non de l'aristocratie ouvrière. »

Aujourd'hui, le mouvement syndical aux États-Unis est largement administré par une couche de dirigeants syndicaux qui défendent leurs propres intérêts et agissent au nom d'une petite minorité de travailleurs syndiqués plus aisés. Au lieu de mobiliser les rangs pour organiser les non-syndiqués, les dirigeants syndicaux ourdissent des « fusions » syndicales avec d'autres dirigeants qui pensent comme eux afin de maximiser les revenus issus de leur « bassin de cotisations, » qui diminue. Tant que ce cours de collaboration de classe prévaudra dans les syndicats, le mouvement ouvrier restera assujetti à l'État bourgeois et à ses partis et les travailleurs ne pourront pas utiliser *efficacement* le pouvoir syndical pour défendre *nos* intérêts de classe.

L'indépendance de classe est impossible avec une bureaucratie dirigée par des hommes et des femmes qui aspirent au style de vie, au confort et aux valeurs morales des couches de la classe moyenne supérieure, qui croient que leur « intelligence supérieure » et leur statut social leur donnent le droit de « réglementer » notre vie à tous. Cette soi-disant méritocratie domine l'opinion politique libérale aux États-Unis à travers la presse, les professions, la fonction publique, l'enseignement supérieur, les « organismes sans but lucratif » et autres entités qui constituent un réseau d'institutions nécessaires à la domination capitaliste.

Dans la société capitaliste, on dit souvent aux travailleurs que si nous voulons « finir gagnants, » nous devons travailler dur pour notre patron (ou pour « nous-mêmes »), faire ce qu'on nous dit et fréquenter « des gens d'une meilleure classe. » Ce que les dirigeants capitalistes et leurs apologistes entendent par-là, que ce soit dans les écoles, les médias, les fondations, les « groupes de réflexion, » les diverses hiérarchies religieuses ou d'autres institutions, c'est que nous, les travailleurs, nous ne devrions penser qu'à nous-mêmes et rejeter toute idée de nous organiser avec d'autres pour progresser *avec notre classe*. Nous devrions plutôt avoir pour objectif de suivre l'exemple des couches professionnelles et de la classe moyenne supérieure et *sortir de notre classe* : un idéal que peuvent atteindre les « plus doués » d'entre nous.

Les travailleurs qui ont une conscience de classe, nous utilisons une autre boussole morale et politique. Nous sommes convaincus que le peuple travailleur, dans sa grande majorité, *est* la meilleure classe de personnes. C'est la vérité, qu'ils nous méprisent comme des « détritus de maisons mobiles, » qu'ils nous considèrent inférieurs en raison de notre peau noire ou brune ou jaune, ou parce que nous travaillons dans une ferme, que nous vivons dans une petite ville ou une région industrielle durement touchée, que nous avons une grande famille ou une famille qui n'a pas l'anglais comme langue maternelle ou bien que nous avons des croyances ou des identités religieuses que la majorité ne partage pas ou pour toute autre raison.

On peut rencontrer cette meilleure classe de personnes des deux côtés de la caisse enregistreuse et dans les allées de magasins comme Walmart, le plus grand employeur privé aux États-Unis. Nous les rencontrons dans les relais routiers, les gares de trains et d'autobus, les fermes laitières, les usines, les chantiers de construction, les entrepôts, les hôpitaux et les cliniques, les mines, les écoles, les orangeraies et les champs de laitue, parmi les chauffeurs de taxi et d'autres véhicules et dans toutes sortes d'emplois que ceux qui nous méprisent ne peuvent même pas imaginer. Parfois, le dédain envers les classes laborieuses vient même de couches plus aisées de travailleurs, qui travaillent souvent dans des complexes de « l'industrie » technologique appelés présomptueusement « campus ».

Au lendemain des défaites électorales du Parti démocrate aux élections présidentielles de novembre 2016, Barack Obama a dit à des membres du personnel de la Maison-Blanche qu'il éprouvait des regrets : « Peut-être avons-nous poussé un peu trop. Après tout, les gens ne cherchent peut-être qu'à se réfugier dans leur tribu, » a-t-il poursuivi en soupirant, avec une arrogance enrobée de mépris de classe. « Parfois je me demande si je ne suis pas né 10 ou 20 ans trop tôt. »

Imaginez : quelle lourde croix à porter : être né « trop tôt » pour la racaille !

Hillary Clinton continue de se répandre en invectives antiouvrières. En se référant aux soi-disant États rouges où elle a perdu en 2016, elle a affirmé : « Ce que la carte ne montre pas, c'est que j'ai gagné dans les endroits qui représentent les deux tiers du produit intérieur brut des États-Unis. J'ai gagné dans les régions optimistes, diverses, dynamiques, qui progressent. » Dans ce même discours, elle a également dénigré les « femmes blanches mariées » des régions plus « arriérées » dont elle a dit qu'elles sont trop faibles pour résister à « la pression de voter comme leur mari, leur patron, leur fils. »

Qu'est-ce qui motive de telles remarques méprisantes de la part de Barack Obama, Hillary Clinton et d'autres du même milieu social privilégié ? Ils ont beau édulcorer leurs véritables sentiments, ce qui les motive c'est l'espoir de trouver une façon de priver de leur droit de vote un plus grand nombre de travailleurs puisque, selon eux, nous ne sommes pas qualifiés pour jouer un rôle décisif dans les décisions « importantes » du gouvernement, ou même pour comprendre ce qui est dans notre meilleur intérêt.

Les tentatives de priver certains citoyens du droit de vote ne se limitent pas aux efforts, que des sections entières du Parti républicain appuient, d'imposer une carte d'identité d'électeur, de refuser le droit de vote aux anciens prisonniers et de concocter d'autres moyens de restreindre ce droit. Nombre de libéraux du Parti démocrate veulent transférer la prise de décision dans les mains « plus compétentes » des agences gouvernementales « régulatrices » et de juges désignés. Ils s'agitent lors des nominations à la Cour suprême et à d'autres postes de la magistrature fédérale car ils ont plus confiance dans des juges, qui ne sont pas élus, que dans des organes législatifs élus, pour adopter des politiques qui correspondent à leurs points de vue.

Certains vont jusqu'à lancer des ballons d'essais pour sonder la possibilité « d'améliorer » les protections qu'offre la constitution bourgeoise des États-Unis. Ils veulent surtout réduire la représentation des dizaines de millions de travailleurs, agriculteurs, travailleurs agricoles et autres travailleurs dans les régions centrales des États-Unis (la région « à survoler, » comme certains l'appellent avec ironie) et de renforcer la représentation de ceux qui vivent dans les grandes villes situées sur les côtes Est et Ouest : les régions qu'Hillary Clinton juge « optimistes, diverses, dynamiques, qui progressent. »

Au contraire, les travailleurs qui ont une conscience de classe sont bien déterminés à défendre les droits énoncés dans certains articles de la constitution qui offrent une certaine protection au peuple travailleur. Ces droits comprennent non seulement la liberté d'expression et le reste de la Déclaration des droits, mais aussi les treizième, quatorzième et quinzième amendements (qui ont aboli l'esclavage ; ont accordé la citoyenneté à « toutes les personnes nées ou naturalisées aux États-Unis » ; ont interdit à tout État de refuser le droit de vote « en raison de la race, de la couleur ou de la condition antérieure de servitude, » et, surtout, qui ont garanti une « protection égale devant la loi » à tous, c'est-à-dire « *à toute personne* » à l'intérieur des frontières des États-Unis).

Pour acquérir ces protections constitutionnelles, il a fallu des luttes populaires de grande envergure après la première révolution américaine et, près d'un siècle plus tard, au cours de la deuxième révolution américaine : la guerre civile et la reconstruction radicale.

∼

Les dirigeants des syndicats cherchent depuis des décennies à intégrer les syndicats à l'État et aux partis de la classe capitaliste. Ce cours a eu pour effet d'affaiblir profondément le mouvement ouvrier organisé et de réduire considérablement le nombre de ses membres. Parmi les grandes puissances impérialistes, seule la France a un taux de syndicalisation inférieur à celui des États-Unis. Mais on observe la même tendance des syndicats à perdre des membres en Australie, au Canada, en Allemagne, au Japon, en Italie, en Nouvelle-Zélande, au Royaume-Uni et dans d'autres pays.

Aux États-Unis, le taux de syndicalisation est actuellement de 6,5 pour cent parmi les travailleurs qui sont employés dans les mines, les usines, le transport ferroviaire de marchandises, le transport aérien, le transport routier, les entrepôts, les grandes chaînes de magasins et autres entreprises capitalistes. Ce taux, qui est à son plus bas niveau depuis un siècle, s'élevait à plus d'un tiers dans les années 50. Même si on ajoute les employés du secteur public (qui se sont syndiqués dans les années 60 et 70 lorsque les dirigeants syndicaux et des administrations démocrates au niveau des villes et des États en sont arrivés à des accords et compromis politiques qui ont affaibli les syndicats), le taux global de syndicalisation aux États-Unis est aujourd'hui de 10,7 pour cent, le taux le plus bas depuis les batailles qui ont permis de bâtir les syndicats industriels dans les années 30.

Cela dit, les syndicats restent de loin les plus grandes institutions ouvrières aux États-Unis. Les syndicats comptent presque 15 millions de membres, un peu plus de la moitié dans le secteur privé. C'est pourquoi, comme l'explique une partie du programme du SWP de 1938 reproduit dans ce livre, les travailleurs communistes « se tiennent aux premiers rangs de toutes les formes de lutte, même là où il ne s'agit que des intérêts matériels ou des droits démocratiques les plus modestes de la classe ouvrière. Ils participent activement à la vie des syndicats de masse pour les renforcer et élever leur esprit combatif. »

Quand le Parti socialiste des travailleurs a organisé un tournant vers la classe ouvrière industrielle au milieu des années 70, les syndicats industriels occupaient le centre de la politique américaine. Les membres des Mineurs unis d'Amérique (UMWA), les Métallurgistes unis d'Amérique (Métallos), les Travailleurs unis des transports (UTU), les Travailleurs unis de l'alimentation et du commerce (TUAC), l'Association internationale des machinistes (AIM) et d'autres syndicats livraient des batailles contre les patrons ainsi que des luttes pour la démocratie syndicale afin de délier les mains de leurs membres.

De plus, l'impact des luttes pour les droits des Noirs aux États-Unis sur la classe ouvrière et les syndicats avait sensiblement changé la situation que Trotsky a décrite dans les années 30, lorsque le système de ségrégation de Jim Crow, selon ses propres mots, avait érigé une barrière contre la « fraternisation de classe » et les « actions communes […] impliquant des travailleurs blancs et noirs. » Comme cela est expliqué dans le livre *Malcolm X, la libération des Noirs et la voie vers le pouvoir ouvrier* :

> Avec la montée des syndicats industriels, de plus en plus de travailleurs qui sont noirs, blancs, asiatiques et latinos — nés au pays et immigrés — travaillent *en fait* aujourd'hui côte à côte dans beaucoup de lieux de travail, où ils accomplissent souvent le même travail. Ils se livrent *en fait* à des actions communes et à de la fraternisation de classe.
>
> Mais la lutte contre les multiples formes de ségrégation et de racisme et pour surmonter les divisions nationales dans la classe ouvrière — par la solidarité mutuelle et des luttes sans compromis recourant à tous les moyens nécessaires — reste la plus grande tâche pour forger l'avant-garde prolétarienne dans ce pays.

Avec le tournant vers l'industrie à la fin des années 70, les travailleurs socialistes membres des syndicats industriels ont pu considérablement étendre leur activité politique par le biais de structures syndicales spéciales qui visait à faire avancer les luttes pour les droits des femmes, à utiliser le ramassage scolaire afin de combattre la ségrégation dans les écoles et à surmonter les divisions dans la classe ouvrière par des mesures d'action affirmative dans le but de combattre des décennies de discrimination contre les travailleurs noirs ou femmes.

Par exemple, quand les femmes se sont frayées un chemin vers des emplois dans les mines et les usines, emplois dont elles avaient été traditionnellement exclues, elles se sont souvent battues et ont obtenu, avec le soutien de leurs syndicats et de nombreux compagnons de travail masculins, des dispositions dans le contrat pour que tout travail trop lourd, pénible ou dangereux pour les femmes soit exclu aussi pour les hommes ! Les limites devaient s'appliquer de manière *universelle*. Il s'agissait de victoires pour toute la classe ouvrière et le mouvement ouvrier.

Les militants syndicaux avec une conscience de classe ont soutenu le droit des citoyens-soldats de s'exprimer librement, y compris contre les guerres de Washington, et de combattre le racisme, le harcèlement et la discrimination contre les femmes au sein des forces armées.

On a organisé dans les syndicats la solidarité active avec les révolutions au Nicaragua et à la Grenade, ainsi que l'opposition à l'intervention militaire des États-Unis en Amérique centrale et dans les Caraïbes. La campagne en faveur de la lutte du peuple travailleur sud-africain pour libérer Nelson Mandela des prisons de l'apartheid et mettre fin au régime de la minorité blanche a gagné un large soutien dans les syndicats. Nous avons résisté aux pressions des patrons, qui avaient l'appui de la plupart des responsables syndicaux, et lutté contre les menaces militaires de Washington envers l'Iran, où un soulèvement révolutionnaire de masse en 1979 avait fait tomber la tyrannie du shah, soutenue par les États-Unis. De jeunes révolutionnaires de Cuba ont effectué des tournées de conférences pendant lesquelles ils ont pris la parole devant des syndicats locaux, ont visité des lieux de travail et échangé des expériences avec des travailleurs engagés dans des grèves et d'autres luttes.

Les membres du Parti socialiste des travailleurs se sont joints à d'autres travailleurs pour organiser des activités de solidarité de masse dans le mouvement ouvrier et au-delà, en faveur de grèves et de campagnes de syndicalisation. Parmi ces luttes, la grève nationale de 110 jours menée par les Mineurs unis d'Amérique en 1977-1978 puis leur débrayage de 10 semaines en 1981, furent les plus marquantes. En 1979, nous avons aidé à construire la solidarité avec la grève de 12 semaines dans les chantiers navals de Newport News en Virginie, où les travailleurs, anciennement divisés par le système de ségrégation de Jim Crow, ont lutté au coude à coude sous la direction d'une avant-garde à majorité noire. Avec le mot d'ordre de lutte « 88, Close the gate ! » (88, fermez le portail !) ils ont obtenu la reconnaissance syndicale de la section locale 8888 des Métallurgistes unis d'Amérique.

Nous étions parmi les travailleurs qui se sont mobilisés à travers l'Amérique du Nord pour soutenir la grève des travailleurs des abattoirs Hormel en 1985-1986 à Austin au Minnesota. Cette grève a marqué le début d'une décennie de luttes acharnées de la part des travailleurs de l'industrie de la viande, du papier et des conserveries. La branche locale du SWP et les militants du parti membres des Mineurs unis d'Amérique (UMWA) à Price, en Utah, ont participé, aux côtés d'autres mineurs et de l'ensemble de la communauté, aux luttes pour que la compagnie Emery Mining soit tenue responsable du désastre de la mine Wilberg, en 1984, dans lequel 27 mineurs sont morts quand les patrons faisaient pression pour battre un record mondial de production en 24 heures. « La cupidité de la compagnie a tué des mineurs de charbon en Utah, » a titré le *Militant* en première page.

Nous nous sommes joints à d'autres membres du syndicat pour soutenir et diriger la grève des machinistes en 1989-1991 contre la tentative de la compagnie aérienne Eastern Airlines de briser le syndicat. Cette bataille s'est ensuite étroitement liée aux piquets de grève et aux manifestations de rue en soutien à la grève de l'UMWA contre le groupe Pittston Coal, en 1989 et 1990 dans la région des Appalaches. Pendant cette grève, 50 000 personnes ont rendu visite au Camp solidarité, centre d'organisation de la grève en Virginie.

Nous avons mené cette activité avec d'autres travailleurs des rangs de manière à faire sentir le poids de la classe ouvrière et des syndicats dans ces luttes sociales et politiques. Nous l'avons fait de manière à promouvoir l'indépendance politique de la classe ouvrière et de ses syndicats vis-à-vis des partis jumeaux du pouvoir impérialiste américain et des « tiers partis, » qui leur servent de satellites occasionnels. Les organisations communistes dans d'autres pays, qui partagent l'orientation du Parti socialiste des travailleurs, ont suivi cette même voie stratégique dans le mouvement ouvrier.

Aujourd'hui, le rapport de forces entre les classes qui a projeté les syndicats industriels au centre de la scène politique aux États-Unis dans les années 70 et 80 n'existe plus. Les travailleurs à l'esprit révolutionnaire ne savent pas quand ni comment cette situation dans les syndicats commencera à changer, mais nous savons que les crises brutales du capitalisme et les attaques des patrons garantissent que cela se produira. Mais ce qui est encore plus important, c'est que pour suivre un cours prolétarien, ce que Trotsky a appelé la bataille pour gagner « les larges masses exploitées, » il n'est pas nécessaire d'attendre un renouveau des luttes syndicales à grande échelle.

Les dirigeants capitalistes et leurs partis politiques ont déjà montré qu'ils ont peur de la véritable « meilleure classe de personnes. » Mais pour exprimer leurs sentiments, leurs porte-parole sont souvent des membres de couches supérieures et professionnelles de la classe moyenne, qu'ils s'appellent « libéraux », « socialistes » ou « progressistes », qui imitent et servent la classe dirigeante tout en étant profondément jaloux et pleins de ressentiment à son endroit parce que les riches familles propriétaires des États-Unis les considéreront toujours comme des intrus. Ce qu'ils ont tous en commun, c'est qu'ils sont bien déterminés à ne jamais se laisser gouverner par les classes laborieuses, peu importe leur sexe, leur couleur de peau ou leur origine nationale : qu'il s'agisse de ceux que Barack Obama rabaisse au niveau de membres de « tribus » ou ceux que Donald Trump diffame comme des « trafiquants de drogue, » des « criminels » et des « violeurs ».

En discutant politiquement avec les travailleurs sur le pas de leur porte dans les villes, les villages et sur les routes de campagne en même temps que nous participons aux luttes ouvrières et sociales des travailleurs et des opprimés, les membres du Parti socialiste des travailleurs revendiquent, dans les conditions actuelles, ce qui a été depuis 100 ans le programme et la stratégie de notre parti aux États-Unis et du mouvement communiste mondial.

Tribuns du peuple et syndicats aide à mieux comprendre ces conditions et fournit de solides arguments pour se joindre à la lutte afin d'avancer sur cette voie révolutionnaire.

2 février 2019

« Ce livre explique en quoi le travail pour renforcer les syndicats est essentiel ; [...] comment les travailleurs, à travers leurs expériences, apprennent à *penser socialement*, à *agir politiquement* et à *utiliser le pouvoir des syndicats* pour promouvoir la solidarité ; et comment ils apprennent à agir indépendamment des patrons, de leur État et de leurs partis. »

KYLE GRILLOT/REUTERS

Ci-dessus : Los Angeles, octobre 2018. Des membres des Teamsters manifestent devant une prison d'immigration pour appuyer des travailleurs menacés d'expulsion. Les chauffeurs se sont syndiqués dans les ports de cette ville, où les entreprises emploient des milliers de travailleurs, souvent immigrants. La pancarte dit : « Solidarité avec les chauffeurs du port en grève, membres des Teamsters. »

« Les patrons et leur système politique à deux partis promeuvent la concurrence et les divisions pour empocher des milliards en profits, » dit Jack Barnes.

« Le Parti socialiste des travailleurs est né il y a 100 ans au cours d'une montée de la classe ouvrière stimulée par la révolution russe, la première révolution socialiste dans le monde. »

En haut : Chicago, septembre 1919. Délégués au congrès de fondation du Parti communiste d'Amérique.

En bas : Des métallos en grève à Gary, en Indiana, 1919. L'appui à la grève nationale a été l'un des premiers actes de solidarité du parti. Des dirigeants de la grève ont adhéré au jeune parti des travailleurs.

Au centre : « Le Parti communiste est désormais une réalité, » affirme le premier numéro de son journal, *The Communist*. Le parti « s'attaque au capitalisme, en précisant que son but est de mobiliser les travailleurs pour la conquête du pouvoir. »

« La génération qui a adhéré au SWP dans les années 50 et 60 s'est transformée en participant à la lutte contre le système de ségrégation raciale dans le Sud, par la crise des régimes staliniens et le début de la révolution socialiste à Cuba. »

En haut, à gauche : Le *Militant*, avril 1956, rapporte que le premier ministre soviétique Nikita Khrouchtchev a reconnu les crimes de Staline. L'article a pour titre : « Un journal juif de Pologne reconnaît les violentes purges antisémites de Staline. »

En haut, à droite : Appel lancé en avril 1956 pour que les syndicats envoient des voitures afin de renforcer le boycott des autobus dans la lutte contre la ségrégation du transport en commun à Montgomery, en Alabama. Le titre dit : « Urgent besoin de 100 familiales pour appuyer la lutte autour des autobus en Alabama. »

En bas : New York, novembre 1960. Près de 500 personnes manifestent contre les menaces de la flotte américaine dans les Antilles contre Cuba. Beaucoup de ceux qui défendaient la révolution cubaine avaient participé à des batailles pour les droits civils.

« Les conditions de vie du peuple travailleur se sont dégradées sous des administrations autant démocrates que républicaines. Le coût humain diffère énormément selon les classes et varie même au sein de la classe ouvrière. »

LINDA DAVIDSON/GETTY IMAGES

En haut : Salisbury, au Maryland, mars 2017. Des centaines de personnes font la queue avant l'aube pour obtenir des soins dentaires gratuits. Dee Martello (au premier plan) n'a jamais eu assez d'argent pour voir un dentiste en huit ans.

En bas : Tacoma, dans l'État de Washington, décembre 2017. Un train à grande vitesse a déraillé à son premier voyage, tuant 3 personnes et en blessant 70. L'offensive des patrons pour réduire la taille des équipes est l'un des nombreux exemples d'attaques contre les conditions de santé et de sécurité des travailleurs.

« Les travailleurs et les agriculteurs de moins de 30 ans n'ont connu que des périodes où bon nombre d'entre eux servent de chair à canon pour les fauteurs de guerre à Washington. »

AARON J. JENNE/FORCES ARMÉES AMÉRICAINES

En haut : Dover, au Delaware, octobre 2017. La dépouille de Dustin Wright, tué au combat au Niger, en route pour les funérailles au cœur de la Géorgie.

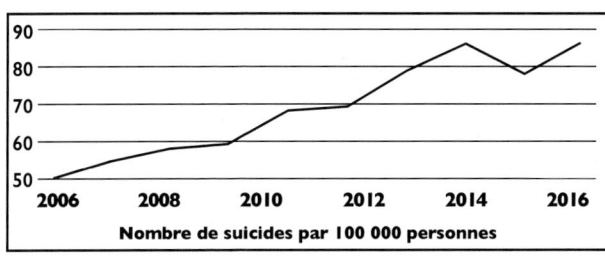

Au centre : « De plus en plus de jeunes travailleurs ont des salaires trop bas pour quitter le foyer familial, trouver un logement abordable, se marier et fonder une famille, » dit Jack Barnes.

En bas : Le taux de suicide parmi les jeunes vétérans est monté de plus de 65 pour cent de 2005 à 2016. Les suicides augmentent également chez les agriculteurs, les chauffeurs de taxi et d'autres personnes qui croulent sous les dettes.

« Les dirigeants capitalistes et leurs partis ont déjà révélé leur crainte de la vraie « meilleure classe de personnes. » Ils sont déterminés à ne jamais se laisser gouverner par des travailleurs. »

En haut à gauche : Hillary Clinton. Se référant aux États où elle a perdu en 2016, elle a dit : « Ce que la carte ne montre pas, c'est que j'ai gagné dans les régions optimistes, diverses, dynamiques. » Elle a également accusé les « femmes blanches mariées » d'être incapables de résister à « la pression de voter comme leur mari, leur patron, leur fils. »

En haut à droite : Barack Obama. Au lendemain de la débandade du Parti démocrate aux élections présidentielles de novembre 2016, il n'a pas pu cacher son mépris pour les travailleurs. « Les gens ne cherchent peut-être qu'à se réfugier dans leur tribu, » a-t-il dit.

En bas : Donald Trump. Il dénigre les immigrants comme des « trafiquants de drogue, » des « criminels » et des « violeurs ».

MIKE SHUR/THE MILITANT

JACQUIE HENDERSON/THE MILITANT

En haut : New York, février 2019. Des manifestants exigent que les hôpitaux embauchent plus d'infirmières. Seth Galinsky (au centre), candidat du SWP au poste de défenseur du bien public de la ville de New York, a participé à la ligne de piquetage. Le SWP considère « les soins de santé comme un droit, » a-t-il dit aux infirmières. « Vous vous battez pour nous tous. »

En bas : Louisville, Kentucky, février 2019. « Je sais de quoi elle parle, » a dit William Monroe (à gauche) au partisan de la campagne du SWP Samir Hazboun. Monroe, un ouvrier d'usine, faisait référence à la déclaration d'Amy Husk, candidate du SWP au poste de gouverneure du Kentucky, qui défend le droit de vote des anciens prisonniers. « Ils m'ont dépouillé de mes droits à vie, » a-t-il poursuivi.

« Pour unir le peuple travailleur en lutte et construire un parti prolétarien, les membres du Parti socialiste des travailleurs font campagne parmi les travailleurs des villes, des villages et de la campagne. »

ERIC SIMPSON/THE MILITANT

Ci-dessus : West Dallas, au Texas, janvier 2019. Benito Hernández, menuisier, et Minnie Hernández, femme de ménage, racontent à Dennis Richter (à gauche), candidat au conseil municipal de Los Angeles, qu'ils ont travaillé toute leur vie mais ne pourront jamais prendre leur retraite.

Des millions de travailleurs sont confrontés à un avenir similaire, expliquent les partisans du SWP. « Nous devons voir ce que *nous* pouvons faire, a souligné Jack Barnes, ce que nous pouvons tous faire *ensemble*, dès maintenant, » en participant aux luttes syndicales et sociales des travailleurs et des opprimés.

PREMIÈRE PARTIE

Les tribuns du peuple

Vladimir I. Lénine

Les tribuns du peuple

VLADIMIR I. LÉNINE

Dans son livre *Que faire ?* publié en 1902, V. I. Lénine a expliqué les fondements politiques et programmatiques d'un parti de travailleurs communistes. Il a écrit ce livre alors qu'il était en exil en Allemagne, quelques années avant la révolution de 1905, le grand soulèvement des travailleurs et des paysans en Russie tsariste. Au sein du mouvement socialiste en Russie, connu à l'époque comme social-démocrate, existait un courant politique appelé « économisme » qui promouvait un cours politique opposé à celui de Lénine. Les économistes limitaient les tâches de la classe ouvrière à la lutte économique pour des salaires plus élevés et de meilleures conditions de travail ; ils rejetaient le rôle dirigeant du parti de la classe ouvrière et minimisaient l'importance de la théorie révolutionnaire et de la conscience politique ouvrière. Le texte ci-dessous, extrait de *Que faire ?* est une réponse à ce courant politique réformiste.

La conscience politique de classe ne peut s'apporter aux travailleurs *que de l'extérieur,* c'est-à-dire de l'extérieur de la lutte économique, de l'extérieur de la sphère des rapports entre travailleurs et patrons. Le seul domaine d'où l'on peut acquérir cette connaissance est celui des rapports de *toutes* les classes et couches sociales de la population avec l'État et le gouvernement, le domaine des rapports de *toutes* les classes entre elles.

Pour cette raison, à la question : « que doit-on faire pour apporter des connaissances politiques aux travailleurs ? » on ne saurait simplement répondre : « il faut aller vers les travailleurs, » ce dont se contentent, la plupart du temps, les travailleurs impliqués dans l'activité pratique, particulièrement ceux qui ont un penchant vers « l'économisme ». Pour apporter aux *travailleurs* des connaissances politiques, les sociaux-démocrates doivent *aller parmi toutes les classes de la population*. Ils doivent déployer des détachements de leur armée *dans toutes les directions*.

Si nous avons choisi cette formule anguleuse, si notre langage est acéré, simplifié à dessein, ce n'est nullement pour le plaisir d'énoncer des paradoxes mais bien pour « inciter » les économistes à penser aux tâches qu'ils dédaignent de façon aussi impardonnable, à voir la différence, qu'ils ne veulent pas comprendre, entre la politique syndicale et la politique sociale-démocrate. Aussi demanderons-nous au lecteur de ne pas s'impatienter et de nous suivre attentivement jusqu'au bout.

Prenons le type de cercle social-démocrate le plus répandu depuis quelques années et examinons son travail. Il a des « contacts avec les travailleurs » et s'en tient là. Il diffuse des feuilles volantes où il condamne fermement les abus commis dans les usines, le parti pris du gouvernement en faveur des capitalistes et les violences de la police.

Dans les réunions avec les travailleurs, les discussions ne s'écartent que très rarement de ces sujets. Les conférences et discussions sur l'histoire du mouvement révolutionnaire, sur la politique intérieure et extérieure du gouvernement, sur l'évolution économique de la Russie et de l'Europe, sur la situation des différentes classes dans la société contemporaine, etc., sont extrêmement inhabituelles.

Personne ne songe à nouer et développer systématiquement des contacts avec les autres classes de la société. À vrai dire, l'idéal du militant, pour les membres de tels cercles, ressemble beaucoup plus à un secrétaire de syndicat qu'à un dirigeant politique socialiste. En effet, le secrétaire de n'importe quel syndicat, prenons un syndicat anglais, aide constamment les travailleurs à mener la lutte économique ; il les aide à dénoncer les mauvais traitements à l'intérieur de l'usine ; il explique l'injustice des lois et des dispositions qui entravent la liberté de grève et de piquetage (pour prévenir tout le monde qu'il y a une grève dans une usine donnée) ; il explique le parti pris des juges de cours d'arbitrage qui appartiennent aux classes bourgeoises, etc. En un mot, tout secrétaire de syndicat mène et aide à mener la « lutte économique contre le patronat et le gouvernement. »

Et l'on ne saurait trop insister sur le fait que *ce n'est pas encore là* de la social-démocratie, que le social-démocrate ne doit pas avoir pour idéal le secrétaire de syndicat mais le *tribun du peuple,* capable de réagir à toute manifestation de tyrannie et d'oppression, où qu'elle se produise, quelle que soit la classe ou la couche sociale qui ait à en souffrir ; capable de généraliser toutes ces manifestations et présenter en un seul tableau la violence policière et l'exploitation capitaliste ; capable de mettre à profit les moindres événements pour exposer *devant tous* ses convictions socialistes et ses revendications démocratiques, de manière à clarifier devant *tous* la portée historique mondiale de la lutte pour l'émancipation du prolétariat.

DEUXIÈME PARTIE

Les syndicats à l'époque de la décadence impérialiste

Léon Trotsky

PRÉFACE

FARRELL DOBBS

Nous reproduisons ici un extrait de la préface que Farrell Dobbs a rédigée en 1969 pour présenter six articles écrits par Léon Trotsky de 1931 à 1940 sur la mobilisation révolutionnaire de la classe ouvrière. On trouvera par la suite trois de ces articles dans leur totalité et des extraits des trois autres.

En marxiste qu'il était, Léon Trotsky, bien entendu, s'intéressait profondément à toutes les questions relatives à la mobilisation révolutionnaire de la classe ouvrière. Il suivait avec intérêt les changements qui s'opéraient dans les syndicats de différents pays et les questions de stratégie et de tactique que ces changements soulevaient pour les révolutionnaires. En fait, au moment de sa mort en 1940, il abordait ces questions dans l'article « Les syndicats à l'époque de la décadence impérialiste.»

Cet article, lecture indispensable pour tout marxiste, actif ou non dans les syndicats, est un des plus brillants et prophétiques que Trotsky a écrits. De grande portée, il signale les conditions auxquelles faisaient face tous les syndicats du monde entier au début de la seconde guerre mondiale. Il analyse la question centrale du syndicalisme à notre époque : la nécessité de « l'indépendance complète et inconditionnelle des syndicats vis-à-vis de l'État capitaliste. » Il est dommage que Trotsky n'ait pas vécu pour terminer cet article, mais ce court texte inachevé contient plus de matière à réflexion (et à action) que les livres de n'importe quel auteur sur la question syndicale.

Le second article porte sur « La question de l'unité syndicale » telle qu'elle se posait à l'Opposition de gauche en France en 1931, lorsque les syndicats se regroupaient en deux fédérations rivales [voir l'extrait à la page suivante]. Mais la manière dont Trotsky traite ce problème récurrent transcende la situation particulière qui l'a conduit à écrire sur le sujet et présente une façon d'y faire face, y compris aujourd'hui.

« Nous ne faisons pas un fétiche de l'unité syndicale, écrit-il. Pour nous, ce n'est pas une panacée. » Ceci dit, souligne-t-il, « seuls les sectaires ou les fonctionnaires syndicaux, mais pas les révolutionnaires prolétariens, peuvent préférer une majorité assurée dans une confédération syndicale étroite et isolée plutôt qu'un travail d'opposition dans une organisation grande et véritablement de masse. » Il ne défendait pas l'unité syndicale à tout moment et en toutes circonstances, mais il mettait l'accent sur ses avantages, dans la plupart des circonstances, pour la classe ouvrière dans son ensemble et pour les révolutionnaires en particulier.

Le troisième article, intitulé ici « Les syndicats en Grande-Bretagne, » a été écrit en 1933 après que l'arrivée de Hitler au pouvoir a révélé la faillite de l'Internationale communiste (Comintern) [voir l'extrait « Chercher les masses là où elles se trouvent » en page 65]. L'Opposition

La question de l'unité syndicale

Pendant la vague révolutionnaire qui a balayé l'Europe sous l'impact de la révolution victorieuse d'octobre en Russie, le mouvement syndical en France s'était scindé en 1921. Au début des années 30, la grande majorité des syndiqués appartenaient à une fédération dirigée par le Parti socialiste, que Trotsky appelle ici « les réformistes. » Une minorité de travailleurs syndiqués faisaient partie d'une fédération rivale dirigée par le Parti communiste, qui s'obstinait à organiser des syndicats « rouges », conformément au cours ultragauche de la direction stalinienne de l'Internationale communiste à ce moment-là. Dans l'article qui suit, publié pour la première fois dans l'édition du *Militant* du 25 mai 1931, Trotsky explique pourquoi les travailleurs communistes devraient encourager les deux fédérations en France à se regrouper.

Nous caractérisons le réformisme d'aile gauche de la bourgeoisie impérialiste. Comment alors pouvons-nous concilier cela avec notre attitude envers des organisations prolétariennes dirigées par les réformistes ? Il ne s'agit pas d'une contradiction formelle mais dialectique : elle découle du cours même de la lutte des classes.

Une partie considérable de la classe ouvrière (sa majorité dans nombre de pays) rejette notre point de vue sur le réformisme. Dans d'autres pays, elle n'a même pas abordé cette question. Tout le problème consiste précisément, en nous appuyant sur nos expériences communes avec elles, à amener les masses à tirer des conclusions révolutionnaires.

Nous disons aux travailleurs non communistes et même anticommunistes : « Aujourd'hui vous faites encore confiance aux dirigeants réformistes, que nous considérons comme des traîtres. Nous ne pouvons pas et ne souhaitons pas vous imposer notre point de vue de force. Nous voulons vous convaincre. Alors luttons ensemble et analysons les méthodes et les résultats de ces batailles. » Cela exige qu'à l'intérieur des syndicats unifiés, où la discipline syndicale s'applique à tous les membres, les regroupements jouissent d'une liberté totale. […]

L'unification des deux organisations syndicales, même si l'aile révolutionnaire restait en minorité pour un temps, se révélerait rapidement favorable au communisme et seulement au communisme. L'unification des confédérations entraînerait dans son sillage un grand afflux de nouveaux membres. Grâce à cela, l'influence de la crise [capitaliste] se refléterait dans les syndicats de manière plus profonde et décisive. Dans le cadre de cette nouvelle vague, l'aile gauche pourrait entamer une lutte décisive pour la conquête de la confédération unifiée. Seuls les sectaires ou les fonctionnaires syndicaux, mais pas les révolutionnaires prolétariens, peuvent préférer une majorité assurée dans une confédération syndicale étroite et isolée plutôt qu'un travail d'opposition dans une organisation grande et véritablement de masse. […]

Il est superflu d'ajouter que nous ne faisons pas un fétiche de l'unité syndicale. Tout en attendant l'unité, nous ne renvoyons à plus tard aucune question de lutte. Pour nous, la question de l'unité n'est pas une panacée mais une leçon sur des questions concrètes et importantes qu'il faut enseigner aux travailleurs qui l'ont oubliée ou qui ne connaissent pas le passé.

de gauche avait décidé de cesser ses efforts pour réformer le Comintern et ses partis et de plutôt s'employer à créer une nouvelle internationale. À cette fin, l'Opposition de gauche a participé à une conférence internationale d'organisations socialistes de gauche et communistes indépendantes, à Paris les 27 et 28 août 1933, où elle a introduit une résolution qui préconisait une nouvelle internationale. Une des organisations centristes présentes à la conférence, le Parti travailliste indépendant (ILP) de Grande-Bretagne, a pris une position intermédiaire sur cette question parce qu'elle entretenait encore des illusions sur la possibilité de réformer le Comintern, illusions qui résultaient partiellement de l'ignorance de l'histoire du stalinisme.

Dans cet article, rédigé peu après la conférence de Paris, Trotsky a voulu éduquer les membres de l'ILP non seulement au sujet de la politique désastreuse des staliniens sur la question syndicale en Grande-Bretagne et ailleurs, mais aussi à propos du rôle des véritables révolutionnaires dans la lutte contre la bureaucratie syndicale. Entre autres questions, il en aborde une qui est toujours d'actualité : ne serait-il pas possible de sauter par-dessus l'étape syndicale ?

Le quatrième article [voir « Pas un pont, mais un mur » page 72] regroupe plusieurs extraits de lettres datant de 1936, 1937 et 1938 qui critiquaient le Parti ouvrier socialiste révolutionnaire (RSAP) de Hollande. Ce parti avait adhéré au mouvement pour une nouvelle internationale lors de la conférence de Paris de 1933 mais il avait développé un certain nombre de désaccords sérieux au cours des années suivantes et s'était retiré du mouvement avant la fondation de la Quatrième Internationale en 1938.

Les désaccords portaient sur un grand éventail de questions, dont la guerre civile en Espagne ainsi que la nature et la vie interne de la Quatrième Internationale. Mais elles concernaient aussi la politique syndicale du RSAP. Ce parti concentrait son activité dans un petit regroupement indépendant, le Secrétariat national du travail (NAS) dans lequel le dirigeant du RSAP Henk Sneevliet jouait un rôle dirigeant, mais qui se maintenait en dehors des principaux courants du mouvement syndical néerlandais.

Le cinquième article est extrait du document principal adopté par la conférence de fondation de la Quatrième Internationale, « L'agonie du capitalisme et les tâches de la Quatrième Internationale. » Ce document réitère la nécessité pour les révolutionnaires de travailler à l'intérieur des syndicats existants et condamne « les tentatives sectaires de construire ou maintenir de petits syndicats « révolutionnaires », [car cela signifie] renoncer à la lutte pour prendre la direction de la classe ouvrière.» Mais il rejette aussi « le fétichisme syndical, également propre aux syndicalistes et aux anarcho-syndicalistes.»

Ce document prône une lutte non seulement pour remplacer la bureaucratie syndicale conservatrice mais aussi pour créer, partout où c'est possible, des organisations militantes indépendantes mieux adaptées à la lutte anticapitaliste de masse. Il ajoute que, si nécessaire, il ne faut pas « hésiter […] à rompre ouvertement avec l'appareil conservateur des syndicats.»

« S'il est criminel de tourner le dos aux organisations de masse pour fomenter des fictions sectaires, il n'est pas moins criminel de tolérer passivement la subordination du mouvement révolutionnaire des masses au contrôle de cliques bureaucratiques, ouvertement réactionnaires ou conservatrices, travesties (« progressistes »). »

Le dernier article, « Discussion avec un responsable du CIO, » est le produit d'une conversation que Trotsky a eue au Mexique avec un organisateur du CIO en septembre 1938, peu après la fondation de la Quatrième Internationale. On pourra trouver d'autres écrits et commentaires de Trotsky sur les questions syndicales, particulièrement les questions américaines, dans *The Transitional Program for Socialist Revolution*.

Les syndicats à l'époque de la décadence impérialiste

LÉON TROTSKY

Trotsky n'avait pas terminé cet article quand il a été assassiné en août 1940.

Le développement ou plus exactement la dégénérescence des organisations syndicales modernes possèdent une caractéristique qui leur est commune dans le monde entier : c'est leur rapprochement et leur intégration croissante au pouvoir d'État. Ce processus caractérise aussi bien des syndicats neutres, sociaux-démocrates, communistes et « anarchistes ». À lui seul, ce fait montre que la tendance à « s'intégrer » à l'État n'est pas inhérente à telle ou telle doctrine mais résulte des conditions sociales communes à tous les syndicats.

Le capitalisme des monopoles ne repose pas sur la concurrence et l'initiative libre et privée, mais sur un commandement centralisé. Les cliques capitalistes à la tête de trusts puissants, de cartels, de consortiums bancaires, etc., contemplent la vie économique de la même hauteur que le fait le pouvoir d'État et, à chaque instant, elles ont recours à la collaboration de ce dernier.

À leur tour, les syndicats des branches les plus importantes de l'industrie se voient privés de la possibilité de profiter de la concurrence entre les diverses entreprises. Ils affrontent un adversaire capitaliste centralisé et intimement lié au pouvoir d'État. Les syndicats, dans la mesure où ils restent sur des positions réformistes, c'est à dire sur des positions basées sur l'adaptation à la propriété privée, doivent, par conséquent, s'adapter à l'État capitaliste et se disputer sa coopération.

Aux yeux de la bureaucratie du mouvement syndical, la tâche essentielle consiste à « libérer » l'État de l'emprise du capitalisme, à le libérer de sa dépendance envers les trusts et à le faire pencher de son côté. Cette attitude s'harmonise parfaitement avec la position sociale de l'aristocratie ouvrière et de la bureaucratie du mouvement ouvrier qui luttent pour obtenir quelques miettes dans le partage des surprofits du capitalisme impérialiste. Les bureaucrates syndicaux font tout leur possible, en paroles comme en actes, pour prouver à l'État « démocratique » combien ils sont dignes de confiance et indispensables en temps de paix et plus encore en temps de guerre. Le fascisme n'invente rien en transformant les syndicats en organes de l'État ; il ne fait que pousser à leurs ultimes conséquences les tendances inhérentes à l'impérialisme.

Ce n'est pas un capitalisme indigène, mais l'impérialisme étranger qui domine les pays coloniaux et semi-coloniaux. Cela ne limite pas, cependant, mais au contraire renforce le besoin de liens directs, journaliers et pratiques, entre les magnats du capitalisme et les gouvernements qui leur sont fondamentalement assujettis : les gouvernements des pays coloniaux et semi-coloniaux. Dans la mesure où le capitalisme impérialiste crée dans les colonies et semi-colonies une couche d'aristocratie et de bureaucratie ouvrières, cette dernière sollicite le soutien de ces gouvernements coloniaux et semi-coloniaux comme protecteurs, tuteurs et parfois comme arbitres. Cela constitue la base sociale la plus importante du caractère bonapartiste et semi-bonapartiste des gouvernements dans les colonies et, plus généralement, dans les pays arriérés [1]. Cela constitue également la base de la dépendance des syndicats réformistes par rapport à l'État.

Au Mexique, les syndicats se sont transformés grâce à la loi en institutions semi-étatiques et ont acquis, par conséquent, un caractère semi-totalitaire. Si l'on en croit les législateurs, ils ont introduit l'étatisation des syndicats dans l'intérêt des travailleurs : pour leur permettre d'influencer la vie gouvernementale et économique. Mais dans la mesure où le capitalisme impérialiste étranger domine l'État national et où il peut, avec l'aide des forces réactionnaires internes, renverser la démocratie instable et la remplacer par une dictature fasciste ouverte, dans cette mesure, la législation relative aux syndicats peut facilement devenir une arme dans les mains de la dictature impérialiste.

De ce qui précède, on pourrait facilement conclure, à première vue, que les syndicats cessent d'être des syndicats

---

1. En périodes de crise sociale, des secteurs de la classe dirigeante capitaliste cherchent à concentrer le pouvoir exécutif dans les mains d'un « homme fort. » Ces dirigeants bonapartistes, qui prétendent démagogiquement se situer au-dessus des forces de classes qui s'affrontent, cherchent en réalité à stabiliser et maintenir le pouvoir de la classe ou couche sociale dominante. Le terme « bonapartisme » évoque la manière dont Napoléon Bonaparte après la révolution française (entre 1799 et 1815), puis plus tard son neveu Louis Bonaparte (entre 1851 et 1870) ont cherché à maintenir cet équilibre entre les forces de classes.

à l'époque impérialiste ; qu'ils ne laissent presque plus de place à la démocratie ouvrière qui, dans le bon vieux temps, quand le libre-échange dominait l'arène économique, constituait le contenu même de la vie intérieure des organisations ouvrières. En l'absence de démocratie ouvrière, il ne peut y avoir de lutte ouverte pour influencer les membres des syndicats et, de ce fait, l'arène principale du travail des révolutionnaires au sein des syndicats disparaît.

Mais une telle position serait fondamentalement fausse. Nous ne pouvons pas choisir le terrain et les conditions de notre activité selon nos seuls désirs ou aversions. Il est infiniment plus difficile de lutter pour influencer les masses travailleuses dans un État totalitaire et semi-totalitaire que dans une démocratie. Cela s'applique également aux syndicats dont le sort reflète les changements dans la vie des États capitalistes.

Nous ne pouvons pas renoncer à la lutte pour influencer les travailleurs en Allemagne simplement parce que le régime totalitaire y rend un tel travail extrêmement difficile. Pour la même raison, nous ne pouvons pas renoncer à la lutte dans les organisations ouvrières obligatoires créées par le fascisme. À plus forte raison, nous ne pouvons pas renoncer à un travail systématique au sein de syndicats de type totalitaire ou semi-totalitaire simplement parce qu'ils dépendent directement ou indirectement d'un État ouvrier ou parce que la bureaucratie ne permet pas aux révolutionnaires de travailler librement dans les syndicats.

Il est nécessaire de livrer la lutte dans toutes ces conditions concrètes créées par les développements antérieurs, y compris par les erreurs de la classe ouvrière et les crimes de ses dirigeants. Dans les pays fascistes et semi-fascistes, tout travail révolutionnaire ne peut être qu'illégal, clandestin et conspirateur. À l'intérieur des syndicats totalitaires ou semi-totalitaires, il est impossible, ou quasi impossible, de mener un travail qui ne soit pas un travail de conspirateur.

Il est nécessaire de nous adapter aux conditions concrètes qui prévalent dans les syndicats de chaque pays afin de mobiliser les masses non seulement contre la bourgeoisie, mais aussi contre le régime totalitaire au sein même des syndicats et contre les dirigeants qui imposent ce régime. Le mot d'ordre essentiel dans cette lutte est : *indépendance complète et inconditionnelle des syndicats vis-à-vis de l'État capitaliste*. Cela signifie une lutte pour transformer les syndicats en organes des larges masses exploitées et non de l'aristocratie ouvrière.

∽

Le second mot d'ordre est : *démocratie syndicale*. Ce second mot d'ordre découle directement du premier et présuppose pour se réaliser la complète liberté des syndicats vis-à-vis de l'État impérialiste ou colonial.

En d'autres termes, à l'époque actuelle, les syndicats ne peuvent pas être de simples organes de la démocratie comme ils l'étaient à l'époque du capitalisme du libre-échange et ils ne peuvent pas rester plus longtemps politiquement neutres, c'est-à-dire se contenter de défendre les intérêts quotidiens de la classe ouvrière. Ils ne peuvent plus être anarchistes, c'est-à-dire ignorer l'influence décisive de l'État sur la vie des peuples et des classes. Ils ne peuvent plus être réformistes, parce que les conditions objectives ne permettent plus de réformes sérieuses et durables.

Ou bien les syndicats de notre époque serviront d'instruments secondaires du capital impérialiste pour subordonner et discipliner les travailleurs et pour empêcher la révolution ou bien, au contraire, ils deviendront les instruments du mouvement révolutionnaire du prolétariat.

∼

La neutralité des syndicats est complètement et irrémédiablement une chose du passé : morte avec la libre démocratie bourgeoise.

∼

De ce qui vient d'être dit, il découle clairement qu'en dépit de la dégénérescence progressive des syndicats et de leur intégration à l'État impérialiste, le travail au sein des syndicats non seulement n'a rien perdu de son importance mais reste aussi important qu'auparavant, et devient même, dans un certain sens, un travail plus important que jamais pour tout parti révolutionnaire.

Ce dont il est question ici, c'est fondamentalement de la lutte pour influencer la classe ouvrière. Toute organisation, tout parti, toute fraction qui se contente de lancer un ultimatum aux syndicats, c'est-à-dire qui, en réalité, tourne le dos à la classe ouvrière simplement parce que l'état de ses organisations ne lui plaît pas, est condamné à périr. Et il faut bien dire que c'est ce qu'il mérite.

∼

Dans la mesure où le capitalisme étranger, et non le capitalisme national, joue le rôle principal dans les pays arriérés, la bourgeoisie nationale occupe une position sociale bien inférieure à celle qui correspondrait à son développement industriel. Puisque le capital étranger n'importe pas de travailleurs mais prolétarise la population indigène, le prolétariat national commence rapidement à jouer le rôle le plus important dans la vie du pays.

Chercher les masses
là où elles se trouvent

Léon Trotsky a écrit l'article qui suit pour le journal hebdomadaire le *Militant*. Nous en reproduisons un extrait. On peut lire l'article complet, daté du 4 septembre 1933, en anglais dans *Writings of Leon Trotsky, 1933-34*.

Les syndicats sont apparus dans la période d'émergence et de montée du capitalisme. Leur tâche consistait à élever le niveau matériel et culturel du prolétariat et à étendre ses droits politiques. Ce travail, qui a duré plus d'un siècle en Angleterre, a donné aux syndicats une grande autorité parmi les travailleurs.

La décadence du capitalisme britannique, dans les conditions du déclin du système capitaliste mondial, a sapé les bases mêmes du travail réformiste des syndicats. Le capitalisme ne peut se maintenir plus longtemps qu'en abaissant le niveau de vie de la classe ouvrière. Dans ces conditions, les syndicats peuvent soit se transformer en organisations révolutionnaires, soit devenir des agents du capital pour accroître l'exploitation des travailleurs.

La bureaucratie syndicale, qui a résolu de manière satisfaisante son propre problème social, a emprunté la seconde voie. Elle a dirigé toute l'autorité accumulée des syndicats contre la révolution socialiste et même contre toutes les tentatives des travailleurs de résister aux attaques du capital et de la réaction. [...]

Comme nous l'avons dit plus haut, les syndicats ne jouent plus un rôle progressiste mais réactionnaire. Néanmoins, ils regroupent encore des millions de travailleurs. Il ne faut pas penser que les travailleurs sont aveugles et qu'ils ne voient pas le changement qui s'est produit dans le rôle historique des syndicats. Mais que peut-on y faire ?

Les zigzags et les aventures du communisme officiel discréditent sérieusement la voie révolutionnaire aux yeux de l'aile gauche des travailleurs. Les travailleurs se disent : les syndicats sont mauvais mais sans eux, nous pourrions être dans une pire situation. C'est la psychologie de celui qui se trouve dans une impasse. Pendant ce temps, la bureaucratie syndicale persécute les travailleurs révolutionnaires de plus en plus ouvertement. Elle substitue les gestes arbitraires d'une clique à la démocratie interne. Elle transforme ainsi totalement les syndicats en une sorte de camp de concentration pour les travailleurs pendant la décadence du capitalisme.

Dans ces conditions, une idée s'impose immédiatement : n'est-il pas possible de contourner les syndicats ? N'est-il pas possible de les remplacer par une quelconque organisation nouvelle et non corrompue, telle que des syndicats révolutionnaires, des comités d'entreprise, des soviets ? L'erreur fondamentale de telles tentatives est de réduire à des expériences organisationnelles le grand problème politique qui consiste à libérer les masses de l'influence de la bureaucratie syndicale. Il ne suffit pas de proposer aux masses une nouvelle adresse. Il faut aller les chercher là où elles se trouvent et les diriger.

Dans ces conditions, lorsque le gouvernement national essaie de résister au capital étranger, il est contraint, à un degré plus ou moins important, de s'appuyer sur le prolétariat. D'autre part, les gouvernements des pays arriérés qui jugent inévitable et plus profitable de marcher la main dans la main avec le capital étranger détruisent les organisations ouvrières et instaurent un régime plus ou moins totalitaire.

Ainsi, la faiblesse de la bourgeoisie nationale, l'absence de traditions d'autonomie politique locale, la pression du capitalisme étranger et le développement relativement rapide du prolétariat sapent les assises de tout régime démocratique stable. Les gouvernements des pays arriérés, c'est-à-dire coloniaux et semi-coloniaux, prennent dans l'ensemble un caractère bonapartiste ou semi-bonapartiste. Ils diffèrent les uns des autres par le fait que les uns tentent de s'orienter dans une direction démocratique en cherchant un appui parmi les travailleurs et les paysans pendant que d'autres instaurent une forme de gouvernement plus près d'une dictature militaire et policière.

Cela détermine également le sort des syndicats. Ou bien ils se maintiennent sous la tutelle spéciale de l'État ou bien ils se voient soumis à une cruelle persécution. Ce qui rend cette tutelle étatique inévitable, ce sont les deux tâches auxquelles le gouvernement fait face : attirer la classe ouvrière de son côté et gagner ainsi un appui pour résister aux prétentions excessives de l'impérialisme ; et en même temps, discipliner les travailleurs en les plaçant sous le contrôle d'une bureaucratie.

∼

Le capitalisme monopoliste est de moins en moins prêt à accepter l'indépendance des syndicats. Il exige que la bureaucratie réformiste et l'aristocratie ouvrière, qui ramassent les miettes de sa table, se transforment toutes les deux en police politique aux yeux de la classe ouvrière. Sinon, les fascistes expulsent et remplacent la bureaucratie ouvrière. Alors tous les efforts de l'aristocratie ouvrière pour servir l'impérialisme ne peuvent la sauver plus longtemps de la destruction.

L'intensification des contradictions de classe dans chaque pays et l'aggravation des antagonismes entre les pays produisent une situation dans laquelle le capitalisme impérialiste peut tolérer (jusqu'à un certain point) une bureaucratie réformiste dans la mesure où cette dernière agit directement comme actionnaire, petit mais actif, de ses entreprises impérialistes, de ses plans et programmes à l'intérieur du pays comme sur l'arène mondiale. Le social-réformisme doit se transformer en social-impérialisme pour pouvoir prolonger son existence, mais seulement la prolonger et rien de plus, car sur cette voie, il n'y a en général aucune issue.

Cela signifie-t-il, de manière générale, qu'à l'époque impérialiste, les syndicats indépendants ne peuvent absolument pas exister ? Poser ainsi la question serait fondamentalement erroné. Ce qui est impossible, ce sont des syndicats réformistes indépendants ou semi-indépendants. Ce qui est tout à fait possible, ce sont des syndicats révolutionnaires qui non seulement ne sont plus des actionnaires de la politique impérialiste mais qui se fixent comme tâche de renverser directement le règne du capitalisme.

À l'époque de la décadence impérialiste, les syndicats ne peuvent être réellement indépendants que dans la mesure où ils sont conscients, en plus, de leur rôle comme organes de la révolution prolétarienne. Dans ce sens, le programme de revendications transitoires adopté par le dernier congrès de la Quatrième Internationale est non seulement le programme d'activité

Syndicats et décadence impérialiste 69

du parti mais, dans ses lignes essentielles, également le programme d'activité des syndicats [2].

∽

Le développement des pays arriérés se distingue par son caractère combiné. En d'autres termes, le dernier cri de la technologie, de l'économie et de la politique impérialiste se combine dans ces pays au retard et au primitivisme traditionnel. On peut observer cette loi dans les sphères les plus diverses du développement des pays coloniaux ou semi-coloniaux, y compris dans celle du mouvement syndical. Le capitalisme impérialiste agit ici de la manière la plus cynique et la plus crue. Il transporte en terrain vierge les méthodes les plus perfectionnées de sa domination tyrannique.

∽

Au cours de la dernière période, on a remarqué dans le mouvement syndical du monde entier un glissement à droite et la suppression de la démocratie intérieure. En Grande-Bretagne, le Mouvement minoritaire dans les syndicats a été écrasé (non sans l'aide de Moscou) ; les leaders du mouvement syndical sont aujourd'hui des agents dociles du Parti conservateur, particulièrement dans le domaine de la politique étrangère. En France, il n'y avait pas de place pour l'existence indépendante des syndicats staliniens. Les staliniens se sont donc unis [en 1936] aux soi-disant anarcho-syndicalistes sous la direction de

---

2. La section de ce programme qui porte sur « Les syndicats et les comités d'usine » est le chapitre suivant de ce livre, qui reproduit également plusieurs extraits des discussions entre Trotsky et des dirigeants du Parti socialiste des travailleurs au sujet du programme (voir p. 97 à 109). Le programme et les discussions paraissent intégralement dans *The Transitional Program for Socialist Revolution* (Pathfinder).

Jouhaux. Mais cette unification a eu comme résultat que le mouvement syndical en général s'est déplacé non pas vers la gauche mais vers la droite. La direction de la CGT est l'agence la plus directe et la plus ouverte du capitalisme impérialiste français [3].

Aux États-Unis, le mouvement syndical a connu sa période la plus mouvementée au cours des dernières années. La montée du CIO [Congrès des organisations industrielles] est une preuve indéniable des tendances révolutionnaires qui se manifestent dans les masses travailleuses. Cependant, il est extrêmement remarquable et significatif que la nouvelle organisation syndicale « de gauche, » à peine fondée, est tombée dans l'étreinte de fer de l'État impérialiste. La lutte entre les hauts dirigeants de la vieille fédération [AFL, Fédération américaine du travail] et ceux de la nouvelle se réduit dans une large mesure à une lutte pour obtenir la sympathie et le soutien [du président Franklin D.] Roosevelt et de son cabinet.

Le récit du développement, ou de la dégénérescence, du mouvement syndical en Espagne est tout aussi riche d'enseignements, bien que dans un sens différent. Dans les syndicats socialistes, tous les éléments dirigeants qui représentaient l'indépendance du mouvement syndical, peu importe à quel niveau, ont été évincés. Quant aux syndicats anarcho-syndicalistes, ils se sont transformés en instruments des républicains bourgeois ; les dirigeants

---

3. À ses débuts, le Mouvement minoritaire organisé par des travailleurs communistes au sein des syndicats britanniques en 1924 a bénéficié du soutien de centaines de milliers de travailleurs. Léon Jouhaux a dirigé la Confédération générale du travail (CGT) en France de 1909 à 1940. Ce syndicaliste n'était affilié ni au Parti communiste ni au Parti socialiste. Il a soutenu le gouvernement bourgeois du Front populaire de 1936-1937, une coalition constituée du PS, du PC et du Parti radical, un parti capitaliste. Il a aussi soutenu l'impérialisme français dans les deux guerres mondiales.

anarcho-syndicalistes se sont ainsi convertis en ministres conservateurs bourgeois. Le fait que cette métamorphose a eu lieu dans des conditions de guerre civile ne lui enlève pas son importance. La guerre est une continuation de la politique. Elle en accélère les développements, expose leurs caractéristiques fondamentales, détruit tout ce qui est pourri, faux et équivoque, et révèle tout ce qui est essentiel.

Le glissement des syndicats vers la droite provient du fait que les contradictions de classe et internationales s'aiguisent. Les dirigeants du mouvement syndical ont senti, compris, ou on leur a fait comprendre, que ce n'est plus le moment de jouer à l'opposition. Tout mouvement d'opposition au sein du mouvement syndical et spécialement au sommet menace de provoquer un formidable mouvement de masse et de créer ainsi des difficultés à l'impérialisme national. De là découle le glissement des syndicats vers la droite et la suppression de la démocratie ouvrière dans les syndicats. L'évolution vers un régime totalitaire, caractéristique fondamentale de la période, se manifeste dans le mouvement syndical du monde entier.

Nous devons également évoquer le cas des Pays-Bas, où non seulement le mouvement réformiste et syndical a offert un ferme appui au capitalisme impérialiste, mais où la soi-disant organisation anarcho-syndicaliste est passée sous le contrôle du gouvernement impérialiste. Le secrétaire de cette organisation Henk Sneevliet, en dépit de ses sympathies platoniques pour la Quatrième Internationale, se contentait, en tant que député au parlement néerlandais, d'éviter que les foudres du gouvernement ne s'abattent sur son organisation syndicale.

∼

Aux États-Unis, le département du Travail et sa bureaucratie de gauche ont pour tâche de soumettre le mouvement

Pas un pont, mais un mur

Le Secrétariat national du travail (NAS) était une petite fédération syndicale associée au Parti ouvrier socialiste révolutionnaire (RSAP) des Pays-Bas, qui avait des liens à cette époque avec le mouvement international dirigé par Léon Trotsky. Le 2 décembre 1937, Trotsky a écrit une lettre, dont nous publions ici un extrait, au dirigeant central du RSAP, Henk Sneevliet, qui occupait un siège au parlement néerlandais depuis 1933. Le texte complet de la lettre a paru en anglais dans *Writings of Leon Trotsky (1937-38)*.

Le NAS s'est converti définitivement en un boulet attaché aux pieds du parti, et ce boulet vous entraînera vers le fond. Un parti qui ne participe pas à la vie des vrais syndicats n'est pas un parti révolutionnaire. Le NAS n'existe que grâce à la tolérance et au soutien financier du gouvernement bourgeois. Ce soutien financier dépend de votre comportement politique.

C'est la vraie raison pour laquelle le parti n'a pas élaboré une plateforme politique, malgré toute notre insistance. C'est aussi la raison pour laquelle vous, en tant que député au parlement, n'avez jamais prononcé un véritable discours révolutionnaire qui pourrait servir à la propagande dans les Pays-Bas comme à l'étranger. Votre activité a un caractère diplomatique et pas très révolutionnaire.

Vous êtes pieds et poings liés par votre position dans le NAS. Et le NAS lui-même n'est pas un pont vers les masses mais un mur qui vous sépare des masses.

syndical à l'État démocratique. Et il faut dire qu'à ce jour, ils ont accompli cette tâche avec un vif succès.

~

La nationalisation des chemins de fer et des champs de pétrole au Mexique n'a évidemment rien à voir avec le socialisme. Il s'agit d'une mesure de capitalisme d'État dans un pays arriéré, qui cherche par ce moyen à se défendre d'une part contre l'impérialisme étranger et d'autre part contre son propre prolétariat. La gestion des chemins de fer, des champs de pétrole, etc., par le moyen des organisations ouvrières n'a rien de commun avec le contrôle ouvrier sur l'industrie. Car la réalité fondamentale, c'est que cette gestion se fait par la bureaucratie ouvrière, qui est indépendante des travailleurs, mais en revanche, complètement dépendante de l'État bourgeois [4].

La classe dirigeante a pris cette mesure pour discipliner la classe ouvrière et la faire travailler davantage au service des intérêts communs de l'État qui, à première vue, semblent coïncider avec ceux de la classe ouvrière elle-même. En réalité, toute la tâche de la bourgeoisie consiste à liquider les syndicats en tant qu'organes de lutte de classes et à les remplacer par la bureaucratie syndicale qui agit comme organe de direction de l'État bourgeois sur les travailleurs.

Dans ces conditions, la tâche de l'avant-garde révolutionnaire consiste à diriger la lutte pour la complète indépendance des syndicats et pour l'introduction d'un véritable contrôle ouvrier sur la bureaucratie syndicale, qui

---

4. Lorsque le gouvernement du président Lázaro Cárdenas a nationalisé les chemins de fer au Mexique en 1937 et l'industrie pétrolière en 1938, il a nommé des officiers syndicaux du rail et du pétrole aux conseils d'administration gouvernementaux qui les administraient.

s'est transformée en administratrice des chemins de fer, des entreprises de pétrole, etc.

∼

Les événements de la dernière période (avant la guerre) ont révélé avec une clarté particulière que l'anarchisme qui, du point de vue théorique, n'est jamais qu'un libéralisme poussé à l'extrême, n'a été dans la pratique que de la propagande menée de façon paisible dans le cadre de la république démocratique dont il cherchait la protection. Si nous faisons abstraction des actes terroristes individuels, etc., l'anarchisme, comme mouvement de masse et système politique, s'est contenté de distribuer du matériel de propagande sous la protection pacifique de la loi. Dans les périodes de crise, les anarchistes ont toujours fait le contraire de ce qu'ils préconisaient en temps de paix. Marx lui-même l'a montré en relation avec la Commune de Paris [5]. Et cela s'est reproduit à une échelle beaucoup plus grande pendant la révolution espagnole.

∼

On ne peut plus avoir aujourd'hui de syndicats démocratiques dans le vieux sens du terme, c'est-à-dire des organismes dans le cadre desquels différentes tendances s'affrontent plus ou moins librement au sein d'une seule et même organisation de masse. Il est impossible de revenir à la vieille démocratie ouvrière tout comme il est impossible de revenir à l'État démocratique bourgeois. Le destin de l'un reflète le sort de l'autre.

---

5. La Commune de Paris, premier gouvernement ouvrier, a pris le pouvoir en mars 1871. La bourgeoisie française est parvenue à l'écraser deux mois plus tard ; plus de 20 000 travailleurs ont été massacrés.

En fait, dans leur rapport avec l'État bourgeois, l'indépendance des syndicats dans un sens de classe ne peut se maintenir, dans les conditions actuelles, qu'avec une direction complètement révolutionnaire, c'est-à-dire la direction de la Quatrième Internationale. Cette direction, naturellement, peut et doit être rationnelle et assurer aux syndicats le maximum de démocratie concevable dans les conditions concrètes actuelles. Mais sans la direction politique de la Quatrième Internationale, l'indépendance des syndicats est impossible.

Les syndicats et les comités d'usine

LÉON TROTSKY

Le texte qui suit comprend deux sections d'une résolution rédigée par Léon Trotsky et adoptée en avril 1938 par le Comité national du Parti socialiste des travailleurs (SWP) comme programme du parti. Le SWP a présenté la résolution aux partis du mouvement mondial que Trotsky dirigeait pour qu'ils puissent la discuter. La conférence de fondation de la Quatrième Internationale l'a ensuite adoptée en septembre 1938. Le texte complet de la résolution a paru en anglais dans *The Transitional Program for Socialist Revolution*.

Les syndicats
Dans la lutte pour les revendications partielles et transitoires, les travailleurs ont actuellement plus besoin que jamais d'organisations de masse, avant tout de syndicats. La puissante montée des syndicats en France et aux États-Unis fournit la meilleure réponse aux sermons des doctrinaires ultragauches qui ont prêché que les syndicats « ont perdu toute utilité. »

Les bolcheviks-léninistes se tiennent aux premiers rangs de toutes les formes de lutte, même là où il ne s'agit que des intérêts matériels ou des droits démocratiques les plus modestes de la classe ouvrière. Ils participent activement à la vie des syndicats de masse pour les renforcer et élever leur esprit combatif. Ils luttent implacablement contre toutes les tentatives de soumettre les syndicats à l'État bourgeois et de menotter le prolétariat par « l'arbitrage obligatoire » et toutes les autres formes d'intervention policière, non seulement fasciste, mais aussi « démocratique ».

C'est seulement sur la base de ce travail qu'il est possible de lutter avec succès à l'intérieur des syndicats contre les réformistes, y compris ceux de la bureaucratie stalinienne. Les tentatives sectaires de construire ou maintenir de petits syndicats « révolutionnaires » comme une seconde édition du parti signifient, en fait, renoncer à la lutte pour prendre la direction de la classe ouvrière. Il faut poser ici ce principe inébranlable : s'isoler des syndicats de masse, de manière capitularde, équivaut à trahir la révolution et est incompatible avec l'appartenance à la Quatrième Internationale.

En même temps, la Quatrième Internationale rejette et condamne résolument tout fétichisme syndical, également propre aux syndicalistes et aux anarcho-syndicalistes [6].

---

6. L'anarcho-syndicalisme est un courant politique qui rejette le besoin pour la classe ouvrière d'établir un État ouvrier dans le but de remplacer la domination capitaliste. Il s'oppose aussi à construire des partis prolétariens pour diriger les travailleurs et les opprimés dans un combat politique révolutionnaire pour le pouvoir d'État. Les syndicalistes argumentent au contraire que les travailleurs n'ont besoin que de syndicats ou de coopératives pour parvenir à un nouvel ordre social au moyen de la grève générale et de « l'action directe. » Cependant les dirigeants de ces courants en Espagne et en France dans les années 30 ont, dans la pratique, fini par soutenir des régimes

a) Les syndicats ne présentent et, en raison de leur tâche, de leur composition et du caractère de leur recrutement, ne peuvent présenter de programme révolutionnaire achevé. C'est pourquoi ils ne peuvent remplacer le parti. L'édification de partis révolutionnaires nationaux, comme sections de la Quatrième Internationale, est la tâche centrale de l'époque de transition.

b) Les syndicats, même les plus puissants, ne comprennent pas plus de 20 à 25 pour cent de la classe ouvrière, principalement ses couches les plus qualifiées et les mieux payées. La majorité plus opprimée de la classe ouvrière n'est entraînée dans la lutte qu'épisodiquement, pendant les périodes de soulèvements exceptionnels du mouvement ouvrier. Dans ces moments-là, il devient nécessaire de créer des organisations *ad hoc* qui comprennent toute la masse en lutte : comités de grève, comités d'usine et enfin, soviets.

c) En tant qu'organisation des couches supérieures du prolétariat, les syndicats, comme en témoigne toute l'expérience du passé, y compris l'expérience toute fraîche des syndicats anarcho-syndicalistes en Espagne, développent de puissantes tendances à la conciliation avec le régime démocratique bourgeois. Dans les périodes de luttes de classes aiguës, les appareils dirigeants des syndicats s'efforcent de dominer le mouvement des masses pour le domestiquer. Cela se produit déjà lors de simples grèves, mais surtout lors de grandes grèves avec occupation, qui ébranlent les principes de la propriété bourgeoise. En temps de guerre ou de révolution, quand la situation de la bourgeoisie devient particulièrement difficile, les dirigeants syndicaux deviennent ordinairement des ministres bourgeois.

---

bourgeois ; en Espagne, ils sont allés jusqu'à occuper des postes de ministres dans un gouvernement bourgeois.

C'est pourquoi les sections de la Quatrième Internationale doivent constamment s'efforcer de renouveler la direction centrale des syndicats en proposant hardiment et résolument dans les moments critiques de nouveaux leaders militants en lieu et place des fonctionnaires routiniers et arrivistes. Elles doivent également créer, dans tous les cas où c'est possible, des organisations militantes indépendantes qui répondent mieux aux tâches de la lutte des masses contre la société bourgeoise, sans hésiter, quand cela devient nécessaire, à rompre ouvertement avec l'appareil conservateur des syndicats.

S'il est criminel de tourner le dos aux organisations de masse pour fomenter des fictions sectaires, il n'est pas moins criminel de tolérer passivement la subordination du mouvement révolutionnaire des masses au contrôle de cliques bureaucratiques, ouvertement réactionnaires ou conservatrices, travesties (« progressistes »).

Les syndicats ne sont pas une fin en soi. Ils ne sont qu'un moyen sur la voie vers la révolution prolétarienne.

Les comités d'usine

Le mouvement ouvrier de l'époque de transition n'a pas un caractère régulier et égal, mais fiévreux et explosif. Les mots d'ordre, de même que les formes d'organisation, doivent être subordonnés à cette caractéristique du mouvement. En évitant la routine comme la peste, la direction doit prêter attention aux initiatives des masses.

Les *grèves avec occupation d'usine*, une des plus récentes manifestations de ce type d'initiative, sortent des limites de la procédure capitaliste « normale ». Indépendamment des revendications des grévistes, l'occupation temporaire des entreprises porte un coup au principe sacro-saint de la propriété capitaliste. Toute grève avec occupation pose

« Les grèves avec occupation dépassent les limites du capitalisme « normal ». Elles posent la question de savoir qui est le maître : le capitaliste ou les travailleurs ? » —*Léon Trotsky*

En France en 1936, deux millions de travailleurs ont occupé des usines lors d'une grande vague de grèves. Aux États-Unis, 500 000 ouvriers, dont beaucoup dans les usines automobiles, ont participé à des grèves d'occupation en 1937 pour exiger la reconnaissance de leur syndicat et des salaires plus élevés.

En haut : Paris, mai 1936. Des ouvriers prennent le contrôle de l'énorme usine Renault.

En bas : Kansas City, au Missouri, avril 1937. Des travailleurs de l'automobile nouvellement syndiqués occupent l'usine Ford.

dans la pratique la question de savoir qui est le maître dans l'usine : le capitaliste ou les travailleurs ?

Si la grève avec occupation soulève cette question épisodiquement, le *comité d'usine* lui donne une expression organisée. Élu par tous les travailleurs et employés de l'usine, le comité d'usine se convertit d'un seul coup en un contrepoids à la volonté de l'administration.

Face aux réformistes qui critiquent les patrons de l'ancien type, les « monarques économiques » comme [Henry] Ford, et leur opposent des exploiteurs « bons » et « démocratiques », nous mettons de l'avant le mot d'ordre de comités d'usine comme centres de lutte contre les uns et les autres.

Les bureaucrates syndicaux résistent, en règle générale, à la création de comités d'usine, de même qu'ils s'opposent à tout pas hardi sur la voie de la mobilisation des masses. Il sera, cependant, d'autant plus facile de briser leur opposition que le mouvement aura plus d'ampleur.

En périodes de « paix », quand tous les travailleurs sont membres du syndicat (un atelier fermé), le comité d'usine coïncidera formellement avec la structure du syndicat mais il en renouvellera la composition et en élargira les fonctions. Cependant, la principale signification de ces comités est de devenir des états-majors de combat pour les couches ouvrières que le syndicat, en général, ne peut atteindre. C'est d'ailleurs précisément de ces couches plus opprimées que surgiront les détachements les plus dévoués à la révolution.

Dès qu'apparaît le comité dans l'usine, il s'établit de fait une dualité de pouvoir qui crée, par son essence même, un état de transition, car elle renferme en elle-même deux régimes irréconciliables : le capitaliste et le prolétarien.

L'importance principale des comités d'usine découle précisément du fait qu'ils ouvrent sinon une période directement révolutionnaire, du moins une période pré-révolutionnaire, entre les régimes bourgeois et prolétarien.

Que la propagande pour les comités d'usine ne soit ni prématurée ni artificielle, c'est ce que démontrent amplement les vagues de grèves avec occupation d'usine qui ont déferlé sur un certain nombre de pays. De nouvelles vagues de ce genre sont inévitables dans un proche avenir. Il est nécessaire d'ouvrir à temps une campagne en faveur des comités d'usine pour ne pas être pris par surprise.

Discussion avec un responsable du CIO

Abraham Plotkin, représentant de l'Union internationale des ouvriers et ouvrières du vêtement pour dames (UIOVD) dans le Midwest, a rendu visite à Léon Trotsky chez lui au Mexique en septembre 1938. L'UIOVD était l'un des huit syndicats qui avaient lancé le CIO trois ans auparavant. La transcription de leur discussion a paru pour la première fois dans le numéro du 29 octobre 1938 de *Socialist Appeal*, le nom sous lequel le *Militant* a paru d'août 1937 à février 1941.

ABRAHAM PLOTKIN : La politique de notre syndicat a pour objectif d'éviter le chômage total. Nous avons obtenu que le travail se répartisse entre tous les membres du syndicat, sans réduction du taux horaire.

LÉON TROTSKY : Et quelle proportion de leur ancien salaire les travailleurs touchent-ils aujourd'hui ?

PLOTKIN : À peu près 40 pour cent.

TROTSKY : Mais c'est monstrueux ! Vous avez obtenu l'échelle mobile des heures de travail sans modification du taux horaire ? Cela signifie purement et simplement que tout le poids du chômage retombe sur les travailleurs ! En permettant que chaque travailleur sacrifie les trois cinquièmes de son salaire, vous dispensez la bourgeoisie d'utiliser ses ressources pour soutenir les chômeurs.

PLOTKIN : Il y a un brin de vérité là-dedans. Mais que peut-on faire ?

TROTSKY : Il n'y a pas qu'un brin, c'est entièrement vrai ! Le capitalisme américain souffre d'un mal chronique incurable. Pouvez-vous consoler les travailleurs avec l'espoir que la crise actuelle n'aura qu'un caractère transitoire et qu'une nouvelle ère de prospérité s'ouvrira bientôt ?

PLOTKIN : Personnellement je ne me fais pas beaucoup d'illusions. Dans nos milieux, beaucoup d'entre nous comprenons que le capitalisme est entré dans une époque de déclin.

TROTSKY : Mais bien évidemment, cela signifie que demain vos travailleurs toucheront 30 pour cent de leur ancien salaire, après-demain, 25 pour cent et ainsi de suite. On verra parfois des améliorations. C'est même inévitable. Mais la courbe générale s'affaisse ; on verra davantage de dégradation et d'appauvrissement. Déjà, dans le *Manifeste communiste*, Marx et Engels l'avaient prédit. Quel est alors le programme de votre syndicat et du CIO dans son ensemble ?

PLOTKIN : Vous ne connaissez malheureusement pas la psychologie des travailleurs américains. Ils n'ont pas l'habitude de penser à leur avenir. Une seule chose les intéresse : ce qu'on peut faire maintenant, tout de suite. Bien entendu, parmi les dirigeants du mouvement syndical, certains se rendent clairement compte des dangers qui nous menacent. Mais ils ne peuvent changer la psychologie des masses d'un seul coup. Les habitudes, les traditions, les conceptions des travailleurs américains limitent ce qu'ils peuvent faire. On ne peut changer tout cela en un jour.

TROTSKY : Êtes-vous certains que l'histoire vous donnera assez d'années pour vous préparer ? La crise du capitalisme américain se développe à un rythme « américain », dans des proportions « américaines ». Un organisme solide, qui n'a jamais été malade, s'affaiblit très vite à partir d'un certain moment. La désintégration du capitalisme signifie, en même temps, une menace directe et immédiate contre la démocratie, sans laquelle les syndicats ne peuvent exister. Pensez-vous, par exemple, que l'apparition du maire [Frank] Hague est le produit du hasard[7] ?

PLOTKIN : Non, non, je ne pense pas ça du tout. J'ai eu récemment plusieurs réunions à ce sujet avec des responsables syndicaux. Je pense qu'il existe déjà, dans tous les États, sous une bannière ou un autre, une organisation réactionnaire prête à se transformer en un support au fascisme à l'échelle nationale. Nous n'avons pas 15 ou 20 ans devant nous : le fascisme peut nous vaincre d'ici trois ou quatre ans.

TROTSKY : Dans ce cas, quel est...

PLOTKIN : Notre programme ? Je comprends votre question. La situation est difficile. Des mesures importantes s'imposent. Mais je ne vois pas les forces ou les chefs nécessaires.

TROTSKY : Cela veut-il dire alors capituler sans combat ?

PLOTKIN : La situation est difficile. Je dois reconnaître que la majorité des militants syndicaux ne voient pas, ou ne veulent pas voir, le danger. Comme vous le savez, nos syndicats ont connu une croissance extraordinaire en très

---

7. Le maire de Jersey City au New Jersey, qui a réussi à mettre en oeuvre des méthodes purement fascistes contre les organisations ouvrières. — Léon Trotsky

peu de temps. Il est naturel que les dirigeants du CIO aient actuellement la tête qui tourne. Ils ont tendance à prendre les difficultés à la légère. Le gouvernement a compris comment ils se comportent et les fait marcher. Leurs expériences antérieures ne les ont pas habitués à cela. Il est naturel que la tête leur tourne un peu. Ce délicieux vertige ne les prédispose pas à la pensée critique. Ils jouissent de l'heure présente sans penser au lendemain.

TROTSKY : Voilà qui est bien dit ! Là-dessus, je partage tout à fait votre opinion. Mais les succès du CIO sont passagers. Ce ne sont rien de plus qu'un symptôme du fait que la classe ouvrière aux États-Unis a commencé à agir, est sortie de sa torpeur et cherche actuellement de nouvelles voies pour ne pas sombrer dans l'abîme qui la menace. Si les syndicats ne trouvent pas de nouvelles voies, ils seront réduits en poussière. Hague est déjà plus fort que [le président du CIO John L.] Lewis, parce que, malgré ses limites, il sait parfaitement ce qu'il veut alors que Lewis ne le sait pas. Le « délicieux vertige » de vos dirigeants peut se terminer par un réveil brutal... dans un camp de concentration.

PLOTKIN : Malheureusement, l'histoire des États-Unis, avec ses possibilités illimitées, son individualisme, n'a pas enseigné à nos travailleurs à penser socialement. Il suffit de dire qu'à peine 15 pour cent des travailleurs syndiqués assistent aux réunions syndicales. Il faut y réfléchir.

TROTSKY : Mais ce qui explique que 85 pour cent des membres n'assistent pas aux réunions est peut-être le fait que ceux qui prennent la parole n'ont rien à dire.

PLOTKIN : Oui, c'est vrai jusqu'à un certain point. La situation économique est telle que nous sommes contraints de retenir les travailleurs, de freiner le mouvement, de battre en retraite. Ce qui, bien entendu, ne plaît pas aux travailleurs.

TROTSKY : Toute la question est là. La faute incombe non pas aux membres mais aux dirigeants. À l'époque classique du capitalisme aussi, les syndicats se trouvaient en difficulté pendant les crises et se voyaient obligés de battre en retraite ; ils perdaient une partie de leurs membres et dépensaient leurs réserves. Mais alors, on avait au moins la certitude que la prochaine reprise économique permettrait de compenser les pertes et même d'aller au-delà. Aujourd'hui, on ne peut rien espérer de tel. Les syndicats iront sans cesse en s'affaiblissant. Votre organisation, le CIO, pourrait s'effondrer aussi rapidement qu'elle s'est constituée.

PLOTKIN : Que peut-on faire ?

TROTSKY : En premier lieu, il faut dire aux masses ce qu'il en est. Il est inadmissible de jouer à cache-cache. Je ne doute pas que vous connaissiez mieux que moi les travailleurs américains. Néanmoins je me permets de vous dire que vous les regardez avec de vieilles lunettes. Les masses sont bien meilleures, plus audacieuses et résolues que les dirigeants.

Le seul fait de la croissance rapide du CIO montre que le travailleur américain a radicalement changé sous l'influence des terribles secousses économiques de l'après-guerre et surtout des dix dernières années. Toutes les fois que vous avez fait preuve d'un peu d'initiative pour créer des syndicats plus combatifs, les travailleurs ont immédiatement répondu et vous ont appuyés de toutes leurs forces comme jamais dans le passé. Vous n'avez pas le droit de vous plaindre des masses.

Et que dire des grèves avec occupation ? L'initiative en revient non aux dirigeants, mais aux travailleurs eux-mêmes. N'est-ce pas là une preuve indiscutable que les travailleurs américains sont prêts à adopter des méthodes de lutte plus déterminées ?

Le maire Hague est un produit direct de ces grèves avec occupation. Malheureusement, face à l'intensification des luttes sociales, personne dans les sommets syndicaux n'a encore osé en tirer des conclusions aussi audacieuses que celles qu'en tire la réaction capitaliste. Voilà la clef de la situation.

Les dirigeants du capital pensent et agissent avec incomparablement plus de détermination, de logique et d'audace que les dirigeants du prolétariat : ces bureaucrates hésitants et routiniers qui émoussent l'esprit de combativité des masses. C'est de là que provient le danger d'une victoire du fascisme, même à court terme.

Les travailleurs ne viennent pas à vos réunions parce qu'ils sentent instinctivement l'insuffisance, l'inconsistance, le manque de vie, l'imposture de votre programme. Les dirigeants syndicaux se répandent en platitudes au moment même où chaque travailleur sent venir la catastrophe. Il faut trouver le langage qui correspond aux conditions réelles du capitalisme pourrissant et non pas aux illusions des bureaucrates.

PLOTKIN : Je vous ai déjà dit que je ne voyais pas de dirigeants. Il existe des groupes particuliers, des sectes, mais je ne vois personne qui puisse unir les masses ouvrières même si je suis d'accord avec vous sur le fait qu'elles sont prêtes à lutter.

TROTSKY : Ce n'est pas une question de dirigeants mais de programme. Un programme correct, non seulement stimulera les masses et leur donnera une cohésion, mais formera aussi des dirigeants.

PLOTKIN : Qu'entendez-vous par un programme correct ?

TROTSKY : Vous savez que je suis marxiste, plus exactement un bolchevik.

Mon programme a un nom très simple et très court : *révolution socialiste*. Mais je n'exige pas des dirigeants du mouvement syndical qu'ils adoptent sur-le-champ le programme de la Quatrième Internationale. Ce que je leur demande, c'est qu'ils tirent les conclusions qui s'imposent de leur travail, de leur propre situation. Que pour eux-mêmes et pour les masses, ils répondent simplement à ces deux questions : 1) comment peut-on sauver le CIO de la faillite et de la destruction ? 2) comment peut-on sauver les États-Unis du fascisme ?

PLOTKIN : Que feriez-vous aujourd'hui aux États-Unis si vous étiez responsable syndical ?

TROTSKY : En tout premier lieu, les syndicats doivent poser correctement la question du chômage et des salaires. L'échelle mobile des heures de travail, telle que vous la présentez, est correcte : tous ont droit à un travail. Mais cette échelle mobile des heures de travail doit s'accompagner d'une échelle mobile des salaires. La classe ouvrière ne peut tolérer une baisse continuelle de son niveau de vie, ce qui équivaudrait à l'effondrement de la culture humaine. Il faut prendre comme point de départ les salaires hebdomadaires les plus élevés à la veille de la crise de 1929.

Les puissantes forces productives que les travailleurs ont créées n'ont pas disparu et n'ont pas été détruites ; elles sont toujours là. Ceux qui possèdent et contrôlent ces forces productives sont responsables du chômage. Les travailleurs savent travailler et veulent travailler. Il faut distribuer le travail entre tous les travailleurs. Le salaire hebdomadaire de chaque travailleur ne doit pas être inférieur au maximum atteint dans le passé. Telle est la revendication naturelle et nécessaire des syndicats. C'est une revendication qu'ils ne peuvent reporter plus longtemps. Sinon, le développement historique les balaiera comme des ordures.

PLOTKIN : Ce programme est-il réalisable ? Il signifie la ruine certaine des capitalistes. Un tel programme pourrait accélérer le développement du fascisme.

TROTSKY : Bien entendu, ce programme exige de lutter et non de rester assis à ne rien faire. Deux possibilités s'offrent aux syndicats. Ils peuvent manoeuvrer, hésiter, fermer les yeux et capituler peu à peu pour ne pas « irriter » les propriétaires ou « provoquer » la réaction. C'est ainsi que les sociaux-démocrates et les officiers syndicaux allemands et autrichiens ont essayé de se sauver du fascisme. On connaît le résultat : ils ont creusé leur propre tombe. L'autre voie, c'est de comprendre le caractère inexorable de la crise sociale actuelle et de mener les masses pour qu'elles passent à l'offensive.

PLOTKIN : Mais vous n'avez pas encore répondu à ma question concernant le fascisme, c'est-à-dire que les syndicats s'exposent à un danger immédiat en soulevant des revendications trop radicales.

TROTSKY : Je ne l'ai pas oubliée un seul instant. Le danger fasciste est déjà là, avant même que des exigences radicales aient été formulées. Il a son origine dans le déclin et le pourrissement du capitalisme. Il est incontestable que la pression d'un programme radical des syndicats pourrait l'aggraver pendant un certain temps. Il faut en avertir franchement les travailleurs.

Il faut qu'ils commencent tout de suite, de manière pratique, à mettre sur pied des organisations spéciales de défense. Il n'y a pas d'autre voie ! On ne peut davantage se protéger contre le fascisme à l'aide de lois démocratiques, de résolutions, de proclamations, qu'on ne peut repousser un régiment de cavalerie par des notes diplomatiques. Il faut apprendre aux travailleurs à défendre leur vie et leur avenir les armes à la main contre les gangsters et les bandits du capital.

Le fascisme se développe rapidement dans une ambiance d'impunité. Il ne faut pas douter un seul instant que les héros fascistes fuiront, les jambes à leur cou, dès qu'ils verront qu'à chacune de leurs brigades de choc, les travailleurs opposent deux, trois ou quatre brigades à eux. La seule manière, non seulement de sauver les organisations ouvrières, mais aussi de réduire au minimum le nombre des victimes est de créer à temps une puissante organisation ouvrière d'autodéfense. C'est la plus importante responsabilité des syndicats s'ils ne veulent pas périr honteusement. La classe ouvrière a besoin d'une *milice ouvrière* !

PLOTKIN : Mais quelle est la perspective à long terme ? Où ces méthodes de lutte mèneront-elles les syndicats ?

TROTSKY : Bien entendu, l'échelle mobile et l'autodéfense ouvrière ne suffisent pas. Ce ne sont que les premiers pas nécessaires pour préserver les travailleurs de la mort, par la faim ou les poignards des fascistes. Ce sont là des moyens de défense urgents et nécessaires. Mais ils ne peuvent en soi résoudre le problème. La tâche essentielle consiste à poser les fondations d'un système économique meilleur, pour utiliser les forces productives de la manière la plus juste, la plus rationnelle, la plus décente, dans l'intérêt de tout le peuple.

On ne peut y arriver avec les méthodes routinières habituelles et « normales » des syndicats. Vous ne pouvez pas nier cela. Dans un contexte de déclin capitaliste, les syndicats isolés s'avèrent incapables d'empêcher que les conditions de vie des travailleurs ne continuent de se détériorer. Il faut recourir à des méthodes plus efficaces, qui vont plus loin. La bourgeoisie, qui contrôle les moyens de production et détient le pouvoir d'État, a conduit l'économie dans une impasse totale et sans espoir. Il faut déclarer la bourgeoisie incompétente et transférer l'économie dans des mains neuves et honnêtes, c'est-à-dire dans les mains des travailleurs eux-mêmes.

Comment y parvenir ? La première étape est claire : tous les syndicats doivent s'unir pour créer leur propre parti *ouvrier* [*labor party*]. Pas le parti de Roosevelt ou [du maire de New York, Fiorello] La Guardia, pas un parti « ouvrier » de nom seulement [le Parti américain du travail, ALP], mais une organisation politique de la classe ouvrière, vraiment indépendante. Seul un tel parti est capable de rassembler autour de lui les agriculteurs ruinés, les petits artisans, les petits boutiquiers. Mais pour cela, il devra mener une lutte implacable contre les banques, les trusts, les monopoles et leurs agents politiques, le Parti républicain et le Parti démocrate.

Ce parti ouvrier aurait pour tâche de prendre le pouvoir entre ses mains, tout le pouvoir, et de remettre l'économie en ordre. Cela exige d'organiser l'ensemble de l'économie nationale selon un plan unique et rationnel dont le but n'est pas le profit d'une poignée d'exploiteurs mais les intérêts matériels et moraux de 130 millions de personnes.

PLOTKIN : Beaucoup de nos militants commencent à comprendre que l'évolution politique pointe vers un parti ouvrier. Mais la popularité de Roosevelt est encore très grande. S'il accepte d'être candidat présidentiel pour une troisième fois, la question d'un parti ouvrier devra encore être reportée de quatre ans.

TROTSKY : Voilà justement la tragédie. Elle vient du fait que messieurs les Dirigeants se tournent vers ceux d'en haut au lieu de se tourner vers ceux d'en bas. La guerre à venir, le déclin du capitalisme américain, l'augmentation du chômage et de la pauvreté, tous ces phénomènes fondamentaux qui déterminent directement le sort de dizaines et de centaines de millions de personnes ne dépendent en rien de la candidature ou de la « popularité » de Roosevelt. Je vous assure qu'il est beaucoup plus populaire parmi les fonctionnaires bien rétribués du CIO que parmi les chômeurs.

Soit dit en passant, les syndicats existent pour les travailleurs, pas pour les officiers syndicaux.

Si l'idée du CIO a inspiré des millions de travailleurs pendant un certain temps, l'idée d'un parti ouvrier indépendant, combatif, qui aurait pour objectif de mettre fin à l'anarchie économique, au chômage et à la misère, de sauver la population et sa culture, l'idée d'un tel parti peut inspirer des dizaines de millions de gens.

Bien entendu, les agitateurs en faveur du parti ouvrier doivent immédiatement montrer aux masses, en paroles et en actes, qu'ils ne sont pas des agents électoraux de Roosevelt, La Guardia et compagnie, mais de vrais défenseurs des intérêts des masses exploitées.

Quand les orateurs parleront le langage de dirigeants ouvriers et pas celui d'agents de la Maison-Blanche, alors 85 pour cent des membres du syndicat viendront aux réunions et les 15 pour cent de vieux conservateurs, d'aristocrates ouvriers et d'arrivistes resteront chez eux. Les masses sont meilleures et plus résolues que les dirigeants. Elles veulent lutter.

Les dirigeants, qui retardent sur les masses, freinent la lutte. Ils dissimulent leur propre indécision, leur propre conservatisme, leurs propres préjugés bourgeois en faisant allusion aux masses arriérées. Telle est aujourd'hui l'état réel des choses.

PLOTKIN : Il y a beaucoup de vrai dans ce que vous dites. Mais bon, nous en reparlerons la prochaine fois.

Du contrôle ouvrier à un gouvernement de travailleurs et d'agriculteurs

LÉON TROTSKY

En mars 1938, alors qu'il travaillait à l'ébauche de ce qui allait devenir le programme de fondation du Parti socialiste des travailleurs et de la Quatrième Internationale, Trotsky a eu plusieurs discussions au sujet de ce document avec James P. Cannon, Vincent Dunne et Max Shachtman, trois dirigeants du SWP. En 1938, James Cannon, un dirigeant fondateur du Parti communiste aux États-Unis en 1919, était le secrétaire national du SWP. Vincent Dunne, lui aussi un des pionniers du communisme américain, était un dirigeant des luttes du syndicat des Teamsters dans les années 30, qui s'étaient développées à partir de Minneapolis. Max Shachtman, dirigeant des jeunesses du Parti communiste des premières années, était directeur en chef du journal du SWP au moment de ces discussions au Mexique. Nous reproduisons ici des extraits de ces discussions. L'échange intégral sur le document de 1938 se trouve en anglais dans *The Transitional Program for Socialist Revolution*.

LÉON TROTSKY : Cette question [d'appeler à la formation d'un parti ouvrier basé sur les syndicats, *labor party* en anglais] est très importante et très complexe. La Ligue communiste a abordé cette question de savoir si nous devions nous prononcer en faveur ou non d'un parti ouvrier, si nous allions ou non prendre des initiatives sur ce point, pour la première fois il y a sept ou huit ans. Le sentiment général était alors de ne pas le faire et c'était tout à fait correct [8].

Nos perspectives de développement n'étaient pas claires. Je crois que la majorité d'entre nous espérait que notre organisation se développerait plus rapidement. D'un autre côté, je crois que personne dans nos rangs à cette époque n'avait prévu que le CIO surgirait à cette vitesse et avec cette puissance. Dans notre évaluation, d'un côté, nous surestimions la possibilité de développement de notre parti au détriment des staliniens et, de l'autre, nous ne voyions pas venir ce puissant mouvement syndical et le rapide déclin du capitalisme américain.

Nous devons maintenant tenir compte de ces deux faits. J'en parle de manière théorique. Mes observations personnelles ne suffisent pas. [...]

Maintenant nous avons affaire à un mouvement d'une importance considérable, le CIO. Au moins trois millions de travailleurs ont adhéré à cette organisation nouvelle et plus militante. Cette organisation, qui a commencé par

---

8. Le Parti communiste a exclu les partisans du cours prolétarien internationaliste de Lénine aux États-Unis en octobre 1928. Ces derniers ont publié le premier numéro du journal le *Militant* une semaine plus tard et ont créé une nouvelle organisation appelée la Ligue communiste d'Amérique en mai 1929. Après avoir acquis de l'expérience dans les activités de masse de la classe ouvrière aux côtés d'autres courants politiques au sein du mouvement ouvrier, ils ont fondé le Parti socialiste des travailleurs en janvier 1938.

des grèves, de grandes grèves, et qui a aussi partiellement entraîné l'AFL dans ces grèves pour des augmentations de salaires, cette organisation s'est heurtée, dès le début de son activité, à la plus grande crise de l'histoire des États-Unis. La perspective de grèves économiques est exclue pour la prochaine période, étant donné la situation créée par le nombre croissant de chômeurs, etc. Nous pouvons anticiper la possibilité que le CIO mette tout son poids dans la balance politique.

Toute la situation objective impose aux travailleurs et à leurs dirigeants cette tendance dont nous discutons. Aux dirigeants dans un double sens : d'un côté, ils exploitent cette tendance pour renforcer leur propre autorité et, de l'autre, ils essaient de la freiner et d'éviter qu'elle ne les déborde. La LNPL remplit cette double fonction [9]. Je ne crois pas qu'il faille réviser théoriquement notre politique. Mais il faut la concrétiser. En quel sens ? Sommes-nous pour la création d'un parti ouvrier réformiste ? Non. Sommes-nous pour une politique qui puisse donner aux syndicats la possibilité de jeter leur poids dans la balance ? Oui.

Il peut devenir un parti réformiste : cela dépend des circonstances. Ici se pose la question du programme. Je l'ai mentionné hier et je le souligne aujourd'hui : il nous faut un programme de revendications transitoires. La plus complète de ces revendications est celle d'un gouvernement des travailleurs et des agriculteurs.

---

9. La Ligue non partisane du travail (LNPL) a été créée en 1936 par les hauts dirigeants du CIO dans le but d'en faire une division des syndicats pour organiser l'action politique du mouvement ouvrier soi-disant « indépendante ». En réalité, cela leur a servi de façade de gauche pour soutenir les candidats du Parti démocrate aux élections de 1936. La LPNL a éclaté en 1940 lorsque le président du CIO John L. Lewis s'est opposé à la réélection de Roosevelt et a soutenu le candidat républicain.

Nous sommes pour un parti indépendant, un parti des masses laborieuses qui prendront le pouvoir d'État. Nous devons le concrétiser : nous sommes pour la création de comités d'usine, pour le contrôle ouvrier de l'industrie par le biais des comités d'usine. Toutes ces questions sont aujourd'hui dans l'air. Eux parlent de technocratie et lancent le mot d'ordre de « produire pour utiliser. » Nous nous opposons à cette formule de charlatans et avançons le contrôle ouvrier de la production par les comités d'usine. [...]

MAX SHACHTMAN : Comment motiveriez-vous le mot d'ordre de milice ouvrière ?

TROTSKY : Par le mouvement fasciste en Europe. Toute la situation démontre que les blocs qui regroupent des libéraux, des radicaux et la bureaucratie ouvrière ne peuvent rien contre des bandes fascistes militarisées. Seuls des travailleurs qui ont eu une expérience militaire peuvent s'opposer au danger fasciste. Je crois qu'aux États-Unis, vous avez assez de briseurs de grève et de tueurs pour lier ce mot d'ordre à l'expérience locale, par exemple en dénonçant l'attitude de la police, la situation à Jersey City.

Dans cette situation, dites tout de suite que les milices ouvrières devraient chasser ce maire-gangster [Frank Hague de Jersey City] avec ses policiers gangsters. « Nous voulons ici organiser le CIO, mais on nous enlève ce droit au mépris de la constitution. Si le pouvoir fédéral ne peut pas contrôler le maire alors nous, les travailleurs, devons organiser des milices ouvrières afin de nous protéger et de lutter pour nos droits. » Ou bien, dans les conflits entre l'AFL et le CIO, nous pouvons mettre de l'avant le mot d'ordre de milices ouvrières comme une nécessité pour protéger nos réunions de travailleurs.

Particulièrement en opposition au concept stalinien de front populaire. Et nous pouvons souligner le résultat de ce front populaire : le sort de l'Espagne et la situation en France. Ensuite vous pouvez souligner le mouvement en Allemagne, les camps de concentration nazis. Nous devons dire : vous, les travailleurs de cette ville, serez les premières victimes de cette bande fasciste. Vous devez vous organiser, vous devez être prêts.

JAMES P. CANNON : Comment appelleriez-vous ces groupes ?

TROTSKY : Vous pouvez leur donner un nom modeste : milices ouvrières.

CANNON : Comités de défense.

TROTSKY : Oui. Il faut en parler avec les travailleurs.

CANNON : Le nom est très important. On peut populariser les comités de défense ouvrière. Milice ouvrière sonne trop étranger.

SHACHTMAN : Il n'y a pas encore aux États-Unis de danger fasciste qui susciterait l'enthousiasme en faveur d'une organisation comme les milices ouvrières. Pour organiser de telles milices ouvrières, il faut être prêt à prendre le pouvoir. Nous n'en sommes pas encore là aux États-Unis.

TROTSKY : Naturellement nous ne pourrons prendre le pouvoir que lorsque nous pourrons compter sur la majorité de la classe ouvrière, mais même dans ce cas, les milices ouvrières ne seront qu'une petite minorité. Même dans la révolution d'octobre, la milice formait une petite minorité. Mais la question est de savoir comment obtenir la sympathie des masses pour cette petite minorité, qui doit s'organiser et s'armer ?

Comment pouvons-nous y arriver ? En élevant la conscience des masses par la propagande. La crise, l'aggravation des tensions entre les classes, la création d'un parti de travailleurs, d'un parti ouvrier, entraînera immédiatement de grandes tensions sociales. La réaction sera tout de suite un mouvement fasciste. C'est pourquoi il nous faut maintenant lier l'idée du parti ouvrier à ses conséquences, sinon nous ne paraîtrons que comme de simples pacifistes avec des illusions démocratiques. Par la suite, nous aurons également la possibilité de lancer les mots d'ordre de notre programme de transition et de voir la réaction des masses. Nous verrons quels mots d'ordre choisir et lesquels abandonner. Mais si nous renonçons à nos mots d'ordre avant l'expérience, avant de constater la réaction des masses, nous ne progresserons jamais.

VINCENT DUNNE : Je voulais poser une question sur le mot d'ordre de l'accès des travailleurs aux secrets de l'industrie. Il me semble qu'il faut bien y réfléchir et l'appliquer avec soin car il pourrait entraîner des difficultés que nous avons déjà expérimentées. En fait, un des moyens auxquels font appel les patrons pour tempérer l'ardeur militante des travailleurs consiste à offrir de nous montrer leurs comptes (peu importe qu'ils le fassent honnêtement ou frauduleusement) et prouver qu'ils perdent de l'argent. Nous avons déjà eu un cas semblable. Nous avons riposté en disant : « C'est à vous d'organiser vos affaires ; nous exigeons des conditions de travail décentes. » Je me demande donc quel impact aurait notre mot d'ordre d'accès des travailleurs aux secrets de l'industrie ?

TROTSKY : Oui, les capitalistes ouvrent leurs comptes dans deux cas : quand la situation de l'entreprise est vraiment mauvaise ou bien quand ils peuvent tromper les ouvriers. Mais il faut poser la question sous un angle plus général.

En premier lieu, vous avez des millions de chômeurs et le gouvernement prétend qu'il ne peut pas payer plus et les capitalistes disent qu'ils ne peuvent pas contribuer davantage. Nous voulons avoir accès aux livres de compte de cette société. Le contrôle des revenus doit s'organiser à travers les comités d'usine. Les travailleurs diront : nous voulons nos propres statisticiens dévoués à la classe ouvrière. Si une branche industrielle démontre qu'elle est réellement ruinée, alors nous répondrons : nous proposons de vous exproprier. Nous dirigerons l'industrie mieux que vous. Pourquoi ne faites-vous pas de profits ? À cause des conditions chaotiques de la société capitaliste.

Nous disons : les secrets commerciaux sont une conspiration des exploiteurs contre les exploités, des propriétaires des moyens de production contre les travailleurs. À l'époque de la libre concurrence, ils prétendaient avoir besoin du secret afin de se protéger. Mais maintenant ils n'ont plus de secrets les uns pour les autres. Ils n'en ont que pour la société.

Cette revendication transitoire est aussi un pas vers le contrôle ouvrier de la production comme plan préparatoire pour administrer l'industrie. Les travailleurs, qui seront demain les maîtres de la société, doivent pouvoir tout contrôler.

Pour les travailleurs américains, appeler à la conquête du pouvoir, cela semble illégal, fantastique. Mais si vous dites : « Les capitalistes refusent de payer pour les chômeurs et cachent à l'État et aux travailleurs leurs véritables profits en tenant une comptabilité malhonnête, » les travailleurs comprendront cet énoncé.

Si nous disons aux agriculteurs : « La banque vous roule, elle fait d'énormes profits ; nous vous proposons de créer des comités d'agriculteurs pour regarder les livres de compte de la banque, » tout agriculteur comprendra.

Nous dirons : « L'agriculteur ne peut faire confiance qu'à lui-même ; qu'il crée des comités pour contrôler les crédits agricoles. » Ils le comprendront. Cela présuppose un état d'esprit turbulent parmi les agriculteurs, on ne peut faire cela tous les jours. Mais il faut absolument introduire cette idée dans les masses et parmi nos propres camarades, et il faut le faire dès maintenant.

SHACHTMAN : Je crois qu'il n'est pas approprié, en ce moment, de mettre de l'avant le mot d'ordre de contrôle ouvrier de la production ni l'autre revendication transitoire sur les milices ouvrières. La revendication sur l'ouverture des livres de compte de la classe capitaliste est plus adéquate dans la période actuelle et on peut la populariser.

Quant aux deux autres, il est vrai que ce sont des mots d'ordre transitoires, mais on ne peut les lancer qu'en bout de chemin, lorsque vient le moment de préparer la prise du pouvoir. La transition implique une route, qui peut être longue ou courte. Chaque étape de cette route exige ses propres mots d'ordre. Aujourd'hui, nous pouvons utiliser celui de l'examen des livres de compte de la classe capitaliste, demain, nous utiliserons celui du contrôle ouvrier sur la production et celui des milices ouvrières.

TROTSKY : Comment, dans une situation aussi critique que celle qui existe maintenant dans le monde entier, pouvons-nous mesurer l'étape du développement du mouvement ouvrier aux États-Unis ? Vous dites que c'est le début, pas la fin. Quelle est la distance : 100, 10, 4 ? Comment l'affirmer même approximativement ? Dans le temps, les sociaux-démocrates disaient : maintenant nous n'avons que 10 000 travailleurs, plus tard nous en aurons 100 000, puis un million et ensuite nous arriverons au pouvoir. Le développement mondial, pour eux, n'était qu'une accumulation de quantités : 10 000, 100 000, etc.

Nous avons maintenant une situation tout à fait différente. Nous sommes dans une période de déclin du capitalisme, de crises toujours plus tumultueuses et violentes, et avec une guerre qui approche. En temps de guerre, les travailleurs apprennent très vite. Si, comme tu le dis, nous devons attendre et voir, puis faire de la propagande, alors nous ne serons pas l'avant-garde mais l'arrière-garde. Si on me demande : « Est-il possible que les travailleurs américains s'emparent du pouvoir dans dix ans ? » Je dirai oui, c'est tout à fait possible. L'explosion du CIO démontre que les bases de la société capitaliste sont sapées.

La milice ouvrière et le contrôle ouvrier de la production ne sont que deux côtés d'une même médaille. Le travailleur n'est pas un comptable. Quand il demande à voir les livres de compte, il veut changer la situation, d'abord en la contrôlant puis en la dirigeant. Naturellement nous mettons de l'avant nos mots d'ordre en fonction de la réaction qu'ils suscitent dans les masses. C'est en voyant la réaction des masses que nous saurons quel aspect de la question souligner.

Nous dirons : Roosevelt aidera les chômeurs en développant l'industrie de guerre, mais si nous, les travailleurs, gérions la production, nous pourrions développer une autre industrie, pas pour les morts mais pour les vivants. Même un travailleur moyen qui n'a jamais pris part à un mouvement politique peut comprendre ce point. Nous sous-estimons le mouvement révolutionnaire des masses travailleuses. Nous sommes une petite organisation, propagandiste et dans de telles situations nous avons moins confiance que les masses, qui se développent très vite.

Au début de 1917, Lénine disait que le parti est dix fois plus révolutionnaire que son comité central et les masses cent fois plus révolutionnaires que les rangs du parti. Il n'y a pas maintenant aux États-Unis de situation révolutionnaire. Mais les camarades avec des idées très révolutionnaires dans les époques tranquilles peuvent souvent devenir de vrais freins en situation révolutionnaire. Un parti révolutionnaire attend tellement la révolution et il l'attend si longtemps qu'il prend souvent l'habitude de la reporter.

CANNON : On voit ce phénomène dans les grèves : elles balaient le pays et prennent par surprise le parti révolutionnaire. Faut-il proposer ce programme de transition dans les syndicats ?

TROTSKY : Oui, nous faisons de la propagande pour ce programme dans les syndicats, nous le proposons comme base programmatique du parti ouvrier [basé sur les syndicats]. Pour nous, c'est un programme de transition mais pour eux, c'est le programme. Maintenant c'est une question de contrôle ouvrier sur la production. Mais on ne peut réaliser ce programme qu'à travers un gouvernement des travailleurs et des agriculteurs. Nous devons populariser ce mot d'ordre.

« La tâche consiste à créer une garde de défense dans les syndicats »

LÉON TROTSKY

En juin 1938, après que la direction du Parti socialiste des travailleurs a soumis à la discussion dans le mouvement international l'ébauche de programme rédigée par Trotsky, celui-ci a poursuivi ses discussions à ce sujet chez lui au Mexique avec des dirigeants du SWP et d'autres visiteurs. Quand les transcriptions de ces discussions sont parues dans le bulletin interne du parti, on n'a pas donné les noms des participants, qui demeurent toujours inconnus. Nous publions ici un extrait de ces échanges. On peut trouver le texte intégral en anglais dans *The Transitional Program for Socialist Revolution*.

QUESTION : Comment s'y prendre concrètement pour lancer les groupes de défense ?

LÉON TROTSKY : C'est très simple. Avez-vous une ligne de piquetage pendant une grève ? Lorsque la grève prend fin, nous expliquons que nous devons défendre notre syndicat en rendant le piquet de grève permanent.

QUESTION : Le parti crée-t-il lui-même le groupe de défense avec ses propres membres ?

TROTSKY : Il faut lancer les mots d'ordre du parti là où nous avons des sympathisants et des travailleurs qui nous défendront. Mais le parti ne peut créer une garde de défense indépendante. La tâche consiste à créer de telles structures dans les syndicats.

Nous devons avoir des groupes de camarades très disciplinés, avec de bons dirigeants prudents, qui ne se laissent pas aisément provoquer, parce que ces groupes peuvent être facilement provoqués. La tâche principale pour l'année qui vient serait d'éviter des conflits et des affrontements sanglants. Nous devons réduire ces confrontations au minimum avec une petite organisation en temps de grève et en temps de paix. Empêcher les meetings fascistes est une question de rapport de forces. Seuls, nous ne sommes pas assez forts, mais nous proposons de constituer un front unique.

Hitler explique son succès dans son livre [*Mein Kampf*]. La social-démocratie était extrêmement puissante. Il a envoyé un groupe avec Rudolf Hess [le dirigeant nazi] à un meeting de la social-démocratie. Il raconte qu'à la fin du meeting, ses 30 jeunes ont expulsé tous les travailleurs, qui ont été incapables de leur résister. C'est alors qu'il a su qu'il l'emporterait. Les travailleurs n'étaient organisés que pour payer les cotisations. Ils n'étaient pas du tout préparés pour d'autres tâches.

Maintenant nous devons faire ce qu'Hitler a fait mais à l'inverse. Envoyer 40 à 50 hommes pour dissoudre le meeting. Cela a une très grande importance. Les travailleurs s'endurcissent et deviennent plus combatifs. Ils deviennent des porte-voix. Les petits-bourgeois les prennent au sérieux. Quel succès ! Ceci a une très grande importance : dans la mesure où une bonne partie de la population demeure aveuglée, arriérée, opprimée, on ne peut la soulever que par des succès. Nous ne pouvons soulever que l'avant-garde, mais cette avant-garde doit alors soulever les autres. C'est pourquoi, je le répète, cette question est très importante.

À Minneapolis, où nous avons des camarades très expérimentés et très influents, nous pouvons commencer à le démontrer à tout le pays.

TROISIÈME PARTIE

« À Minneapolis, nous pouvons commencer à le démontrer à tout le pays »

Farrell Dobbs
Jack Barnes

Autodéfense ouvrière, ne pas dépendre de l'État des patrons

FARRELL DOBBS

En juin 1938, lorsque Léon Trotsky a affirmé qu'à Minneapolis « nous pouvons commencer à le démontrer à tout le pays, » il faisait allusion à l'exemple donné par l'avant-garde de la classe ouvrière dans cette ville. Des dirigeants et cadres du SWP constituaient le coeur de la direction de cette avant-garde. De 1934 à 1941, ils ont dirigé les hommes et les femmes qui ont gagné les grèves des Teamsters et ainsi transformé Minneapolis en un bastion syndical. En se joignant au mouvement social national qui a bâti les syndicats industriels, ils ont lancé des campagnes qui ont permis de syndiquer un quart de million de chauffeurs routiers de longue distance dans toute la région centrale du pays.

Ils ont dirigé la lutte nationale pour l'indépendance politique des syndicats vis-à-vis de l'État capitaliste. Ils ont fait campagne au sein de la classe ouvrière pour un parti ouvrier basé sur les syndicats et contre les préparatifs accélérés de Washington pour s'engager dans la deuxième guerre mondiale. Cette activité des Teamsters de Minneapolis contre la guerre a amené les dirigeants impérialistes américains en 1941 à inculper et condamner, en vertu de la loi bâillon de Smith, 18 dirigeants du syndicat et du SWP et à les enfermer dans des prisons fédérales en 1944 et 1945.

Farrell Dobbs était l'un des dirigeants centraux de cette avant-garde syndicale avec une perspective de lutte de classe et du Parti socialiste des travailleurs. Vous trouverez ci-dessous un extrait du chapitre « La menace des Chemises d'argent » de *Teamster Politics*, le troisième des quatre volumes dans lesquels Farrell Dobbs a décrit ces batailles ouvrières et leurs leçons politiques.

En période de crise sociale, les affrontements entre le capital et le travail ont tendance à stimuler l'activité de démagogues politiques à mentalité fasciste. Ils prévoient que l'intensification de la lutte des classes incitera certaines couches de la classe dirigeante à se détourner de la démocratie parlementaire et de ses méthodes de gouvernement, et à recourir au fascisme comme moyen de s'accrocher au pouvoir d'État et de protéger leurs privilèges spéciaux. Chacun de ces aspirants espère aussi être choisi comme le *führer* (chef) pour diriger le mouvement terroriste qu'il faudra pour mener l'assaut meurtrier contre la classe ouvrière qu'un tel retournement dans la politique rendra nécessaire.

En fait, plusieurs de ces aspirants-Hitler s'étaient manifestés dans ce pays au début des années 30 mais ils avaient peu progressé durant cette période caractérisée par la montée impétueuse du CIO. Puis, en 1937-1938, la situation a commencé à changer. Une deuxième profonde récession économique est survenue, qui a signalé la faillite du *New Deal* de Roosevelt. Globalement, les contradictions sociales se sont accentuées à mesure que la classe

« Lors de la récession de 1937-1938, les contradictions sociales se sont accentuées et des groupes profascistes ont commencé à recruter. À Jersey City, le maire Frank Hague a organisé des vauriens pour attaquer des réunions syndicales et des piquets de grève. » —*Farrell Dobbs*

En haut : Meeting organisé par Hague à Jersey City, au New Jersey. Les bannières disent : « Le maire Hague vous demande de continuer [à appuyer] l'américanisme, » et « Il est temps d'attaquer les envahisseurs rouges. »

En bas à droite : Rassemblement antisyndical, le 1er mai 1938, à Jersey City. La bannière dit : « Les rouges, hors des États-Unis. »

En bas à gauche : Frank Hague. « Si les syndicats ne trouvent pas de nouvelles méthodes, ils seront réduits en poussière » par des gens comme Hague, a dit Léon Trotsky à Abraham Plotkin, un organisateur du CIO.

dirigeante s'apprêtait à plonger le pays dans l'imminente guerre impérialiste. Les bureaucrates à la tête des syndicats n'ont pas guidé les travailleurs avec une perspective efficace pour résister aux difficultés engendrées par cette situation : vers la création d'un parti ouvrier indépendant basé sur les syndicats. Dans ces conditions, un grand nombre d'individus démoralisés, dans la classe moyenne des villes, parmi les agriculteurs appauvris et, dans une certaine mesure, parmi les travailleurs sans emploi, sont devenus la proie de charlatans de l'extrême droite.

C'est ainsi que divers groupes fascistes qui avaient émergé peu auparavant ont commencé à recruter assez rapidement et ont recueilli parallèlement un appui financier plus important de la part de riches intérêts anti-ouvriers. Enhardis par ce nouveau soutien, ils sont devenus plus violents et plus provocateurs. Dans certains cas, ces groupes ont mis sur pied des unités de choc en uniforme qui s'entraînaient au vu de tous. En uniforme ou non, ces hommes de main ont servi à lancer des campagnes de terreur, dirigées d'abord contre des cibles plus vulnérables mais braquées essentiellement contre le mouvement syndical.

Les Juifs ont été parmi les premières victimes. Tout comme en Allemagne nazie, ils ont servi de boucs émissaires dans le but d'alimenter les préjugés antisémites, principalement pour créer des divisions dans la classe ouvrière. Mais, ils n'ont pas été les seules victimes.

Des travailleurs militants isolés ont été victimes d'embuscades et roués de coups à New York et dans d'autres villes de l'Est. Des rassemblements de rue de groupes de gauche ont été dispersés. À Jersey City, le maire tristement célèbre, Frank Hague, a lancé ses hommes de main à l'assaut de réunions syndicales et de lignes de piquetage et, à la Nouvelle-Orléans, des milices extrajudiciaires ont écrasé une grève des Teamsters. Comme l'ont montré ces derniers exemples, les forces d'extrême droite qui se sont livrées à ces actes terroristes pour le compte des capitalistes se sont rapidement tournées vers leur cible principale : les organisations de masse de la classe ouvrière.

Un de ces groupes profascistes, les Chemises d'argent d'Amérique, préoccupait tout particulièrement la section locale 544 du Syndicat général des camionneurs. William Dudley Pelley l'avait fondé en 1932. Il avait son quartier général à Asheville, en Caroline du Nord, et publiait un hebdomadaire appelé *Liberation*. Cédant tacitement le contrôle des grandes villes à d'autres extrémistes de droite, Pelley fixait son attention sur les petites villes et les villages des régions agricoles. Après avoir peu progressé dans ce milieu au cours des premières années, les Chemises d'argent ont finalement commencé à engranger quelques gains.

C'est probablement ce qui a amené une couche de la classe patronale à Minneapolis à s'intéresser au mouvement. Des patrons ont invité Pelley à dépêcher un de ses aides, Roy Zachary, pour lancer une campagne de recrutement dans cette ville pendant l'été 1938. Le 29 juillet et le 2 août, deux rassemblements des Chemises d'argent se sont succédé rapidement dans la salle Royal Arcanum. Ces rassemblements se déroulaient à huis clos. On n'y était admis que sur invitation.

Malgré tout le secret qui l'entourait, les Teamsters ont eu vent de l'arrivée en ville de Roy Zachary et ont commencé à le surveiller de près. Ils ont obtenu à l'avance les renseignements concernant ces rassemblements, ce qui leur a permis d'avoir des informations fiables sur ce qui s'était passé.

Ainsi ils ont su immédiatement que le thème principal de Roy Zachary avait été d'appeler à lancer une attaque d'hommes de main contre le quartier général de la section locale 544.

On a également appris que lors de ces deux réunions des documents avaient circulé pour inviter les participants à adhérer au « Conseil associé des syndicats indépendants » de F. L. Taylor, qui avait montré ses penchants fascistes quelques semaines plus tôt lorsqu'il s'était mis en tête de créer une milice appelée « Minnesota Minute Men. » Il était donc tout à fait naturel pour lui de se joindre aux Chemises d'argent lorsqu'elles sont arrivées en ville.

Peu de temps après, le rabbin Gordon, un religieux opposé au fascisme qui surveillait également les agissements de Zachary, a fait part d'un autre fait inquiétant. Il a révélé que George K. Belden, chef des Industries associées, avait assisté aux deux regroupements des Chemises d'argent. Interrogé à ce sujet par un journaliste du *Minnesota Leader*, Belden a répondu : « Je suis en faveur d'éliminer les malfaiteurs. [...] »

Pris dans leur ensemble, ces événements faisaient planer sur les Teamsters une menace très sérieuse. Un syndicat de briseurs de grève qui avait traîné la section locale 544 devant le tribunal se liait maintenant aux Chemises d'argent ; le rôle de Belden révélait que les patrons s'impliquaient directement dans ce nouveau complot antisyndical et que la menace d'un raid armé contre le quartier général des Teamsters devenait bien réelle.

Il fallait dès lors prendre des mesures immédiates. C'est ainsi qu'en août 1938, la section locale 544 a réagi avec sa détermination habituelle et répondu à la menace en organisant une garde de défense syndicale.

Le *Northwest Organizer* a rapporté la création de la garde. Quand ils ont reçu un communiqué de presse qui annonçait cette mesure, les quotidiens ont publié des reportages à ce sujet. Le communiqué résumait ainsi les fonctions du nouvel organisme : « la défense des lignes de piquetage, du quartier général et des membres du syndicat

« Les employeurs de Minneapolis étaient liés aux Chemises d'argent profascistes et, en 1938, des rumeurs circulaient de raid armé contre les Teamsters. La section locale 544 a répondu à cette menace en organisant une garde de défense syndicale. » —*Farrell Dobbs*

William Dudley Pelley, fondateur des Chemises d'argent, a envoyé des organisateurs à Minneapolis pour recruter des vauriens antisyndicaux.

SOCIÉTÉ D'HISTOIRE DU MINNESOTA

À gauche : George Belden, dirigeant du groupe patronal, a assisté aux rassemblements des Chemises d'argent pour appuyer sa campagne antisyndicale.

Membres de la Garde de défense syndicale, 1938. Jusqu'à 600 volontaires venus de syndicats de toute la région métropolitaine se sont ainsi organisés pour résister aux bandes réactionnaires.

contre la violence anti-ouvrière. » En agissant ainsi, la section locale a informé le public qu'elle se chargerait de sa propre défense, sans faire l'erreur de faire confiance à la police pour se protéger.

Les dirigeants syndicaux savaient parfaitement que les politiciens capitalistes qui occupent des postes de pouvoir ont non seulement tendance à fermer les yeux devant la violence fasciste, mais qu'ils encouragent et fomentent souvent de telles attaques extralégales contre les travailleurs. Ce n'est pas tout. Leurs sbires, la police, cautionnent et protègent les activités fascistes, deviennent membres de tels mouvements et, quand on utilise la violence ouverte contre les syndicats, ils détournent en général le regard. Tel avait été le comportement des « forces de maintien de l'ordre » capitalistes en Allemagne, en Italie et ailleurs. L'histoire nous avait appris que cette situation se reproduirait aux États-Unis.

Une nécessité absolue s'est imposée aux travailleurs : s'ils voulaient se défendre ils devaient utiliser leurs propres organisations. En prenant l'initiative de constituer une garde de défense syndicale, la section locale 544 ne répondait pas seulement à ses propres besoins, mais montrait aussi la voie aux syndicalistes de tout le pays.

La garde n'avait pas été conçue comme la formation d'un seul syndicat. On la considérait plutôt comme le noyau autour duquel on pourrait construire le mouvement de défense unifié le plus large possible. Dès le début, on a fait des efforts pour impliquer d'autres syndicats dans le projet. On prévoyait que le temps et les événements permettraient aussi d'étendre le front uni pour inclure les chômeurs, les minorités, les jeunes : toutes les victimes potentielles des fascistes, des milices extrajudiciaires ou d'autres groupes réactionnaires.

Pour ces raisons, cette organisation de défense ne faisait pas officiellement partie de la section locale 544. Ce sont plutôt des membres dirigeants de la section qui l'ont initiée, avec l'approbation des syndiqués. Une série de réunions avec des groupes de travailleurs ont permis de lancer une opération spontanée de recrutement. En procédant ainsi, le Syndicat général des chauffeurs a rapidement mis sur pied le noyau principal de la garde. Par la suite, ses rangs ont augmenté graduellement jusqu'à inclure des membres d'autres syndicats de la ville qui soutenaient l'idée.

La garde n'était en aucun cas un corps d'élite. Il s'agissait simplement d'une formation sérieuse, ouverte à tout membre actif d'un syndicat. Pour être admis dans ses rangs, il suffisait d'être prêt à défendre les syndicats contre des attaques, être disposé à suivre la formation nécessaire à cette fin et accepter la discipline démocratique requise dans une unité de combat. En outre, ses activités ne s'effectuaient qu'avec le consentement des membres des syndicats concernés et sous leur contrôle.

Comme dans le cas de la section 544 elle-même, la garde réglait ses affaires internes de manière démocratique. Les mesures prises pour s'acquitter des tâches qui lui étaient confiées se décidaient après une discussion ouverte et un vote à la majorité. Cette procédure a également servi à sélectionner les dirigeants qui auraient l'autorité de commandement en cas de combat.

Ray Rainbolt, l'un des permanents de la section 544, a été élu commandant en chef de la formation de défense. Il était certainement très qualifié. Outre son vaste savoir-faire dans la conduite des luttes syndicales, il avait acquis des connaissances militaires considérables au cours de ses passages dans l'armée des États-Unis.

Ceux qu'on a choisis comme officiers subalternes avaient également fait leurs preuves dans la lutte des classes et s'étaient fait reconnaître comme dirigeants syndicaux secondaires. C'était aussi le cas des rangs de la garde, qui avaient tous démontré leurs capacités, à un niveau ou à un autre, au cours des actions de grève. Le corps dans son ensemble comptait de nombreux vétérans avec diverses aptitudes acquises dans les forces armées. Parmi eux se trouvaient d'anciens tireurs d'élite, des mitrailleurs, des opérateurs de chars d'assaut, etc. Bon nombre d'entre eux avaient été sous-officiers. L'un d'eux avait été officier dans les transmissions et un autre encore officier dans l'armée allemande.

Du point de vue de sa structure, le corps se divisait en petites unités pour faciliter une mobilisation rapide en cas d'attaque surprise contre le mouvement syndical. Des équipes de cinq personnes étaient la norme. Un membre de chaque équipe était désigné capitaine. En relativement peu de temps, la force ainsi organisée s'est élevée à environ 600 hommes.

Les membres de la garde recevaient une épinglette avec l'inscription « 544 UDG » (*Union Defense Guard* : Garde de défense syndicale), qu'on les encourageait à porter en tout temps. Pour bien s'identifier dans l'exercice de leurs fonctions, ils portaient de grands brassards très visibles avec l'inscription « Garde de défense syndicale 544. » Les membres de la formation qui venaient d'autres syndicats n'ont eu aucune difficulté à accepter cette désignation, parce qu'ils comprenaient que le prestigieux numéro 544 donnait au nom un sens supplémentaire.

L'organisation recueillait ses propres fonds pour acheter des équipements et couvrir ses frais généraux en organisant des bals et d'autres activités sociales. Une partie de cet argent a servi à l'achat de deux pistolets de calibre .22 et de deux fusils de calibre .22, pour donner aux membres de la garde un moyen d'améliorer leur capacité à tirer avec précision. Des séances d'entraînement régulières avaient lieu à cette fin. On organisait aussi des exercices périodiques pour s'entraîner aux tactiques défensives.

Les syndicats ne fournissaient pas d'armes aux membres de la garde, car dans les conditions qui prévalaient alors, cela aurait prêté le flanc aux coups montés de la police. Mais beaucoup d'entre eux avaient leurs propres armes à la maison, qu'ils utilisaient pour aller à la chasse, et dont ils pouvaient rapidement s'emparer s'ils en avaient besoin pour repousser une attaque armée des voyous des Chemises d'argent.

Lors des exercices, on dispensait des cours sur les tactiques utilisées dans le passé par les milices extrajudiciaires anti-ouvrières dans ce pays et par les fascistes à l'étranger. On entamait ensuite des discussions afin d'élaborer des mesures défensives pour faire face à ce genre d'attaques.

Un service de renseignement a également été mis en place. Sa tâche consistait à surveiller les publications et les activités fascistes et antisémites, la propagande antisyndicale, etc. Un épisode en particulier a très clairement illustré l'étendue du service de renseignement ainsi que l'efficacité de la garde en action. Cela s'est produit lorsque les Chemises d'argent ont tenté de tenir un autre rassemblement au cours duquel William Dudley Pelley lui-même devait prendre la parole.

Le jour prévu, un chauffeur de taxi a amené Pelley à une résidence dans le quartier huppé de la ville. Le conducteur en a immédiatement informé Ray Rainbolt, qui a téléphoné à cet endroit et prévenu Pelley qu'il aurait des ennuis s'il persistait. Pour montrer qu'il ne bluffait pas, Rainbolt a conduit une section de la garde syndicale à Calhoun Hall, où le rassemblement devait avoir lieu ce soir-là. L'arrivée des forces syndicales a précipité le départ du public et le démagogue ne s'est jamais montré. Puis, vers minuit, un autre chauffeur de taxi a appelé Rainbolt pour l'informer qu'il venait de laisser Pelley à la gare Milwaukee, à temps pour prendre un train de nuit pour Chicago.

À la suite de cet incident, les Teamsters ont posé un geste calculé pour effrayer davantage ceux qui songeaient à détruire les syndicats. Ils ont publié un avis spécial en première page du *Northwest Organizer* du 29 septembre 1938. L'avis ordonnait à tous les capitaines de la garde de défense de s'assurer immédiatement que leurs équipes étaient au grand complet et mobilisées, prêtes à agir dans les plus brefs délais.

La mesure a semblé avoir l'effet désiré car les Chemises d'argent ont transféré leur réunion suivante dans la ville voisine de St-Paul. Elle a eu lieu le 28 octobre au Minnehaha Hall. Les flics défendaient l'endroit en force. Roy Zachary était l'orateur principal. Selon ce qu'ont rapporté les journaux le lendemain, il se serait félicité ainsi :

« Les dirigeants de la 544 ont dit que nous ne pouvons pas tenir de réunions à Minneapolis mais nous les tiendrons, avec l'aide de la police. La police sait qu'un jour elle aura besoin de notre soutien et c'est pourquoi elle nous soutient maintenant. »

Les Teamsters ont pris les propos de Zachary au sérieux pour plusieurs raisons. Organiser une réunion réussie à St-Paul pouvait être plus qu'une tentative de remonter le moral des éléments profascistes. Le plan pouvait aussi viser à faire pression sur les autorités de Minneapolis pour qu'elles fournissent une protection policière comparable. Dans ce cas, il était fort probable que les Industries associées faisaient partie de la manoeuvre.

Sur la base de ces hypothèses, le haut commandement de la garde de défense syndicale a décidé d'organiser une démonstration publique de force. Elle avait deux objectifs : faire comprendre à tous et à chacun que les Chemises d'argent n'allaient pas opérer à Minneapolis sans un combat sérieux et, en même temps, tester l'efficacité de la garde.

On a donc convoqué une mobilisation d'urgence de la formation de défense avec un préavis d'à peine une heure. Seulement trois personnes savaient ce qui se passait. Dans le cadre de ce test, tous les autres ont eu l'impression qu'une véritable crise s'était développée. À l'heure prévue pour l'assemblée, 60 minutes à peine après la première diffusion de l'appel, environ 300 membres de la garde étaient prêts à passer à l'action. Une performance impressionnante.

La mobilisation s'est déroulée sur un terrain vague au centre de la ville, de manière à ce que beaucoup de gens voient ce qui se passe. Une fois les hommes rassemblés sur place, Ray Rainbolt a expliqué qu'il s'agissait d'une opération d'entraînement pour donner un nouvel avertissement aux Chemises d'argent et à leurs partisans parmi les patrons. Une discussion a ensuite eu lieu pour analyser précisément les résultats du test.

Puisque toutes sortes de projets personnels pour la soirée avaient été brutalement chamboulés, un peu de divertissement s'imposait en guise de compensation. La garde a donc défilé en longue colonne, brassards bien en vue, vers un théâtre burlesque du centre-ville où on avait réservé plusieurs rangées de sièges.

Quant aux extrémistes de droite, ils ont semblé avoir compris le message du syndicat cinq sur cinq. Roy Zachary n'a fait aucune autre tentative de tenir des rassemblements à Minneapolis. La propagande fasciste a progressivement diminué et, après un certain temps, il est devenu évident que les Chemises d'argent avaient complètement abandonné leur campagne de recrutement.

Malgré ce retournement de situation favorable, la garde de défense syndicale s'est maintenue comme une forme d'assurance contre toute résurgence de la menace fasciste. Mais la nature de ses activités a changé. Les séances d'entraînement au tir et les exercices ont diminué. Peu à peu, la garde a eu comme principale fonction de surveiller des pique-niques syndicaux et d'autres grands rassemblements sociaux. Les manifestations publiques occasionnelles de ce genre servaient à rappeler aux forces antisyndicales que la formation de défense existait toujours.

Tout compte fait, la section 544 n'avait pas seulement repoussé une autre attaque capitaliste. Beaucoup de ses membres comprenaient mieux la nécessité de l'autodéfense ouvrière après l'expérience avec les Chemises d'argent. Les meilleurs militants avaient approfondi leurs connaissances des lois de la lutte de classe.

Un syndicat industriel de tous les chauffeurs

FARRELL DOBBS

D'une étroite association de métiers, le syndicat des Teamsters à Minneapolis s'est transformé, au cours des grèves de 1934, en un pionnier du mouvement social à l'échelle nationale pour créer des syndicats qui regroupent tous les travailleurs d'un secteur spécifique en un seul *syndicat industriel*. Dans le livre *Rébellion Teamster*, Farrell Dobbs explique qu'avant que ces batailles n'éclatent, les responsables de la Fraternité internationale des Teamsters refusaient de syndiquer tous les chauffeurs et travailleurs de l'industrie. Les Teamsters ne sont « pas les ordures qu'on retrouve dans d'autres organisations, » a affirmé Daniel J. Tobin, le président national du syndicat.

Le syndicat des Teamsters avait été fondé en 1903, à une époque où des travailleurs qui conduisaient des attelages de chevaux (en anglais, un *team* est un attelage de chevaux et un *teamster* est le travailleur qui conduit cet attelage) transportaient les marchandises *dans* les villes. Le chemin de fer était le principal moyen de transport *entre* les villes. Le transport motorisé a surgi au début du vingtième siècle, mais on ne faisait alors pratiquement aucun effort pour syndiquer les chauffeurs longue distance.

La direction lutte de classe de la section locale 574 (plus tard 544) des Teamsters voulait renforcer le syndicat en syndiquant non seulement les chauffeurs employés par les compagnies de transport, mais aussi leurs alliés. C'est ainsi qu'on a commencé à syndiquer des chauffeurs qui possédaient leurs propres véhicules, des chômeurs, dont le nombre augmentait, et des chauffeurs de taxi. Au début de la grande dépression, les chauffeurs de taxi à Minneapolis étaient parmi les travailleurs les moins payés, avec les heures de travail les plus longues. Leur salaire atteignait 8 dollars pour une semaine de 84 heures (l'équivalent de 1,85 $ de l'heure, en dollars de 2018).

L'extrait reproduit ci-dessous, tiré de *Rébellion Teamster* de Farrell Dobbs, porte sur la façon dont les chauffeurs de taxi de Minneapolis ont lutté pour se syndiquer et comment ils ont gagné.

Un Conseil conjoint des Teamsters s'était formé à Minneapolis. Il regroupait des sections locales distinctes de distributeurs de glace, de chauffeurs qui effectuaient des livraisons de lait, de colporteurs de thé et de café, de conducteurs de camions qui appartenaient à la ville et de chauffeurs non spécialisés. Il y avait aussi une section locale de chauffeurs de taxi dont une poignée de membres conduisaient leur propre véhicule. Les effectifs combinés de ces sections locales en 1933 s'élevaient à moins de 1 000 membres et les Teamsters n'avaient remporté aucune grève dans la ville depuis une vingtaine d'années.

La section 574 avait été accréditée vers 1915 comme section « interprofessionnelle ». Bien que cette désignation signifiât que la section 574 pouvait admettre des membres

« **Un syndicat industriel de tous les chauffeurs.** »

La grève des camionneurs plus solide ; les chauffeurs de taxi débraient

Pendant que les Teamsters se préparaient à la grève en mai 1934, les chauffeurs de Yellow Cab envisageaient d'adhérer au syndicat. « Des équipes mobiles ont informé tous les chauffeurs de taxi qu'une réunion aurait lieu au quartier général de grève ce soir-là, explique Farrell Dobbs. Ils ont voté de faire grève et en l'espace de quelques heures, on ne trouvait plus aucun taxi en opération. »

À droite : Les chauffeurs de taxi ont présenté leurs demandes : reconnaître le syndicat, augmenter les salaires, réduire les heures et améliorer les conditions de travail.

Ci-dessus : Un inspecteur de la WPA harcèle le propriétaire d'un camion en cherchant des « violations de sécurité, » près de Minneapolis, avril 1936. Le local des Teamsters a aidé les chauffeurs-propriétaires à trouver du travail sur les sites de la WPA et les a défendus contre les attaques des superviseurs et des bureaucrates.

qui ne tombaient pas spécifiquement sous la juridiction d'une autre section de l'IBT, on ne cherchait pas à en faire un syndicat général de chauffeurs. Si la section locale 574 arrivait à syndiquer suffisamment de membres d'un sous-métier, on les réorganisait dans leur propre section locale. En pratique cependant, le problème ne s'était pas posé parce que la section 574 n'avait pas prospéré. Elle n'avait que 75 syndiqués environ avant l'automne 1933. [...]

[Alors que la section locale 574 mettait la dernière main à ses préparatifs en vue d'une grève des chauffeurs de camion de la ville en mai 1934,] les discussions sur l'adhésion à la section 574 allaient bon train parmi les chauffeurs de taxis de l'entreprise Yellow Cab.

Quand l'employeur en a eu vent, il a essayé de mettre sur pied un syndicat maison, ce qui a vivement irrité les travailleurs. Au deuxième jour de l'arrêt de travail de la section 574, ils ont envoyé une délégation au comité de grève pour demander qu'on les laisse participer à la lutte des chauffeurs de camion et des autres travailleurs. [...]

Des équipes mobiles se sont déployées pour informer tous les chauffeurs de taxi qu'une réunion aurait lieu au quartier général de grève ce soir-là. Une fois réunis, ils ont voté de faire grève et en l'espace de quelques heures, on ne trouvait plus aucun taxi en opération.

Comme cet épisode le démontre clairement, la section 574 était devenue une force avec laquelle il fallait compter. Elle avait mis en place des activités de piquetage efficaces. Rien ne circulait sur roues sans l'autorisation du syndicat. [...]

La principale entreprise de taxi, la Yellow Cab Company, agissait indépendamment des patrons du transport routier. Après l'accord dans le transport par camion, la Yellow Cab a entamé de sérieuses négociations avec le syndicat et, le 4 juin, les deux parties ont signé une entente d'une durée d'un an.

Les travailleurs ont obtenu d'importantes augmentations de salaire et étaient en voie d'établir le contrôle syndical au travail. Le syndicat a bientôt accueilli dans ses rangs d'autres travailleurs du taxi en plus des chauffeurs, dont des employés des centrales de taxis, des téléphonistes, des employés des garages, des porteurs de bagages et des aides. Les chauffeurs de taxi indépendants ont obtenu un accord semblable.

Après avoir obtenu cette entente, l'ensemble des chauffeurs de taxi de la ville se sont réunis et ont voté presque à l'unanimité de rester affiliés à la section 574.

« Courage, discipline et un plan de bataille »

JACK BARNES

Nous reproduisons ici un texte de décembre 2003. Il s'agit de l'introduction à la traduction en espagnol de *Rébellion Teamster,* le premier des quatre volumes de la série sur les Teamsters de Farrell Dobbs. L'introduction a par la suite été incluse dans l'édition française de 2010.

Jack Barnes commence par un épisode de la grève des mineurs de charbon qui luttaient pour syndiquer la mine Co-Op près de Huntington, en Utah. La grève avait démarré fin septembre 2003. Des travailleurs et des syndicalistes de toute l'Amérique du Nord et d'ailleurs dans le monde manifestaient leur solidarité envers les mineurs. Ce fut la plus importante bataille du mouvement ouvrier aux États-Unis durant cette période. En décembre 2004, quelques jours à peine avant le vote sur la représentation syndicale pour laquelle les travailleurs avaient lutté, les propriétaires de la mine ont licencié la grande majorité des travailleurs immigrants de Co-Op sous prétexte qu'ils ne possédaient pas de numéros de sécurité sociale « valides ».

La grève de Co-Op a démontré, avec plus d'acuité que jamais, à la fois les possibilités mais aussi la nécessité de syndiquer les mines de charbon dans l'Ouest des États-Unis et de repousser l'offensive antisyndicale des riches opérateurs des mines de charbons de l'Est. Pour gagner ces batailles, il faut aussi lutter pour obtenir l'amnistie de millions de travailleurs immigrants.

C'était l'équipe de nuit sur le piquet de grève situé près de l'entrée de la mine de charbon Co-Op, à côté de la petite ville de Huntington dans l'Utah. À la mi-octobre, les nuits sont déjà froides dans les montagnes. Les bourrasques de vent glacial dans le canyon Bear transpercent jusqu'à la moelle.

Les travailleurs lockoutés avaient fixé au sol leur abri de grève, construit avec du contreplaqué et une bâche bleue, afin de l'empêcher de s'envoler. À l'intérieur, sept ou huit mineurs — la plupart dans la vingtaine, ainsi que quelques vieux routiers, dont une femme et un vétéran dans la cinquantaine, presque tous originaires de l'État de Sinaloa au Mexique — se blottissaient autour du poêle à bois, offert par un mineur syndiqué à la retraite du village voisin d'East Carbon.

Un mois auparavant, l'entreprise avait licencié 74 mineurs qui avaient protesté contre la suspension d'un camarade de travail partisan du syndicat parce qu'il avait refusé de signer un avertissement disciplinaire. Dans le but d'étouffer l'effort des mineurs de s'organiser pour faire reconnaître les Mineurs unis d'Amérique (UMWA) comme leur syndicat, la direction les avait ensuite lockoutés.

Un des mineurs dans l'abri était un immigré du Nicaragua qui travaillait à la mine Deserado dans l'ouest du Colorado, à plusieurs heures de là. Il avait obtenu un congé syndical pour venir donner un coup de main. Avant

TAMAR ROSENFELD/THE MILITANT

Pour écraser la lutte des mineurs, qui demandaient que la compagnie reconnaisse le syndicat des UMWA, les patrons de la mine Co-Op les ont lockoutés.

Huntington, en Utah, juillet 2004. Des mineurs en grève marchent avec des partisans pendant la lutte de 10 mois pour syndiquer la mine de charbon.

de partir de chez lui, il avait mis dans sa poche un exemplaire bien usé de *Teamster Rebellion* (l'édition originale en anglais de *Rébellion Teamster*), le récit d'une dure et sanglante lutte de syndicalisation menée il y avait presque 70 ans dans le Minnesota par des travailleurs dont beaucoup étaient d'origine scandinave — Suédois, Norvégiens, Finlandais ou Danois — mêlés à beaucoup d'Irlandais. L'auteur, Farrell Dobbs, dont les aïeux venaient d'Irlande, était devenu le plus jeune dirigeant de cette grève. Comme tant d'autres faisant face aux conditions de dépression du début des années 1930, Farrell avait eu beaucoup de mal à se trouver un emploi stable, nourrir sa famille et payer le loyer.

Francisco, le mineur nicaraguayen, a commencé à lire quelques-unes des premières pages à voix haute, traduisant à vue vers l'espagnol. Les passages décrivaient les conditions de vie et de travail et les salaires versés dans le Midwest au creux de la dépression. Exprimant leur surprise et leur sympathie, les grévistes ont demandé d'en savoir plus et ont bientôt écouté d'autres passages, page après page. Ils n'interrompaient le récit que pour vérifier quelles étaient les voitures qui de temps à autre passaient tard dans la nuit ou pour aller à l'extérieur se réapprovisionner en bois à brûler et surveiller les environs.

Avant tout, les hommes et les femmes de Sinaloa qui essayaient de gagner leur pain dans les montagnes de l'Utah s'identifiaient aux luttes individuelles des hommes et des femmes de *Rébellion Teamster*. Quand Farrell Dobbs décrit dans les premières pages du livre comment sa famille a perdu toute sa réserve de légumes et de fruits en conserve pour l'hiver, lorsqu'une nuit la température est brusquement tombée au-dessous de zéro et qu'elle n'est pas arrivée à temps à la maison pour transporter les bocaux à l'intérieur, le passage a provoqué des expressions de sympathie

« Les hommes et les femmes de Sinaloa au Mexique qui essayaient de gagner leur vie dans les montagnes de l'Utah s'identifiaient aux luttes des hommes et des femmes de *Rébellion Teamster*. » —Jack Barnes

TAMAR ROSENFELD/THE MILITANT

« Ami, vous êtes sur le point de franchir une ligne de dignité et d'honneur. » Piquet de grève en décembre 2003 à la mine Co-Op à Huntington en Utah, où 100 mineurs et partisans se sont rassemblés pour soutenir la lutte pour un syndicat. « Si vous franchissez la ligne pour éviter de perdre votre voiture ou votre maison, dit la pancarte, gardez à l'esprit que ce que vous êtes sur le point de perdre, c'est votre âme. »

et de compréhension de ce que ce coup dur devait avoir signifié pour Farrell, son épouse Marvel et leurs enfants. Les photos des grévistes qui se battaient contre les flics et les hommes de main des patrons ; du grand et discipliné cortège funéraire d'un membre d'un piquet de grève qui avait été abattu de sang-froid par les flics ; des dirigeants de la grève traînés en prison par la Garde nationale — ils les ont toutes examinées avec intérêt. L'attention des mineurs a grandi lorsqu'ils ont appris qu'à l'intérieur du quartier général de grève des Teamsters qu'ils voyaient sur les photos, il y avait une cantine ouverte 24 heures sur 24 pour les repas et un hôpital pour soigner les blessés. Et après avoir découvert en écoutant le récit de Farrell Dobbs comment les camionneurs s'étaient organisés sur la place du marché de Minneapolis pour repousser les attaques des flics et des employeurs — avec courage, discipline et surtout un plan de bataille détaillé — et qu'ils avaient fini par *remporter* la grève pour faire reconnaître leur syndicat, les mineurs ont examiné les photos avec encore plus d'attention.

Peu de scènes prolétariennes mettent mieux en évidence l'importance de publier *Rebelión Teamster*, la première traduction en espagnol de *Rébellion Teamster*, quelque 32 ans après sa parution initiale en anglais.

Il se peut que parmi les grévistes membres des Teamsters de Minneapolis qui ont jeté les bases pour transformer le mouvement syndical à travers tout le Midwest dans les années 1930, il n'y ait pas eu un seul travailleur né au Mexique. (Quel changement en quelques décennies !) Mais par-delà les années, les nationalités, les langues et les expériences de vie, l'histoire racontée dans *Rébellion Teamster* appartient aussi aux rangs croissants des travailleurs qui aujourd'hui parlent espagnol aux États-Unis et qui entrent en lutte. Ils peuvent se reconnaître dans ces

« Les mineurs ont examiné avec intérêt les photos des grévistes qui se battaient contre les flics et celles des dirigeants de la grève traînés en prison. Leur intérêt s'est accru quand ils ont appris qu'à l'intérieur du quartier général de grève il y avait une cantine et un hôpital pour soigner les blessés. » —*Jack Barnes*

SOCIÉTÉ D'HISTOIRE DU MINNESOTA

Minneapolis, mai 1934. Les chauffeurs de camion en grève se sont organisés pour repousser les flics et les casseurs du patronat avec courage, discipline et surtout un plan de bataille détaillé. Ils ont ainsi remporté la grève pour faire reconnaître leur syndicat.

En haut : En août 1934, au milieu de la deuxième grève, la Garde nationale a arrêté Ray Dunne (au centre, en costume), un dirigeant des Teamsters. Quand le syndicat a mobilisé des piquets de grève volants et mis fin aux négociations, le gouverneur a libéré les prisonniers.

En bas : Le comité auxiliaire des femmes organisait la cantine, fournissait du personnel à l'hôpital de la grève et parcourrait la région pour obtenir des appuis à la grève.

générations précédentes de travailleurs — dont beaucoup aussi étaient des immigrés de première ou deuxième génération — qui ont fini par dire « assez ! » et commencé à prendre leur propre avenir en main.

∾

Rébellion Teamster est un livre qui vole de ses propres ailes. Il raconte une fabuleuse histoire. En même temps, il présente Farrell Dobbs, ce travailleur dans la vingtaine qui a émergé au cours de ces batailles comme un dirigeant de sa classe.

Il avait 25 ans et deux filles à charge lorsqu'il a tourné le dos à un avenir assuré et bien rémunéré comme membre du personnel d'encadrement de la Western Electric, alors qu'il travaillait à Omaha dans le Nebraska. Il était répugné par le caractère horrible de la personne qu'il lui faudrait devenir et par les valeurs et les attitudes de classe qu'il devrait adopter en vendant son âme pour garder un tel emploi. Sans se retourner et sans hésiter, il s'est « détaché » des classes étrangères, comme le dit le *Manifeste communiste*, « et s'est rallié à la classe révolutionnaire » dans le sens le plus complet du terme. Le trait de classe que Dobbs en est venu à détester le plus est la « misérable petitesse » de l'esprit petit-bourgeois.

Il s'est rapidement retrouvé parmi les rangs de la « grande armée des chômeurs. » Quelques années plus tard, alors qu'il ramassait le charbon à la pelle dans un dépôt de Minneapolis, il a rencontré Grant Dunne, qui l'a enrôlé dans une campagne de syndicalisation. Grant Dunne était un cadre aguerri de la Ligue communiste d'Amérique, le précurseur du Parti socialiste des travailleurs. C'est là que commence l'histoire racontée dans les pages de *Rébellion Teamster* et des tomes suivants, *Teamster Power*, *Teamster Politics* et *Teamster Bureaucracy* ainsi que dans de nombreux petits livres et brochures et dans les deux volumes de la série *Revolutionary Continuity: Marxist Leadership in the US* que Farrell Dobbs a pu vivre assez longtemps pour compléter au début des années 1980 : *The Early Years, 1848–1917* [Les premières années, 1848-1917] et *Birth of the Communist Movement, 1918–1922* [La naissance du mouvement communiste, 1918-1922].

À mesure qu'il s'est éveillé à la politique, Farrell Dobbs est devenu un citoyen du monde, un internationaliste prolétarien qui vivait le présent comme faisant partie de l'histoire — et hors de laquelle le communisme n'existe pas. Il décrit l'impact qu'ont eu sur lui des photos de l'invasion de la Chine par le Japon impérial en 1931, publiées dans les journaux d'Omaha. Les photos montraient des scènes de soldats US basés à Shanghai. Avec l'assentiment de Tokyo, ces derniers protégeaient la riche « concession internationale » pendant que les forces impérialistes japonaises, à qui les huiles de l'armée US donnaient un désinvolte assentiment raciste, dévastaient et souvent réduisaient en cendres les quartiers ouvriers chinois voisins et massacraient leurs habitants.

En décrivant le développement de sa conscience de classe, Farrell Dobbs accorde aux photos de presse de ces événements un poids comparable à l'impact qu'a eu sur lui la demande que lui font ses supérieurs d'accepter, afin de réduire les coûts et d'accroître la « productivité », le licenciement d'un camarade de travail qui était à quelques mois de sa retraite et de sa pension. Dans les tomes suivants de la série sur les Teamsters, nous voyons le journal du Conseil conjoint des Teamsters à Minneapolis, le *Northwest Organizer*, publier des éditoriaux exigeant le retrait des troupes US de l'Asie et du Pacifique et condamnant les préparatifs de l'administration du président Franklin Roosevelt pour le grand carnage impérialiste de la deuxième guerre mondiale.

Le jeune Farrell Dobbs dont nous faisons connaissance dans les pages de *Rébellion Teamster* deviendra un des grands organisateurs de masse de la classe ouvrière US. Âgé d'à peine 30 ans, il sera le principal architecte et dirigeant de la campagne — s'étendant du Texas jusqu'à Détroit, au Canada et à Seattle — qui organisera un quart de million de routiers dans un puissant syndicat et transformera le Nord du Midwest en territoire syndical, un fait dont l'héritage se fait sentir encore aujourd'hui.

Les cadres dirigeants de la Section locale interprofessionnelle 574 des camionneurs (plus tard la section 544 des Teamsters) deviendront l'aile gauche avec une perspective de lutte de classe d'une direction syndicale combative beaucoup plus large. Ils démontreront en pratique comment les syndicats équipés d'une telle direction peuvent se transformer et vont se transformer en instruments de lutte révolutionnaire, en instruments capables de conduire à l'indépendance politique vis-à-vis de la classe dirigeante des couches de plus en plus importantes de travailleurs, avec ou sans emploi, et leurs alliés, les agriculteurs et les petits producteurs ruinés. Ils démontreront comment des militants syndicaux ayant une conscience de classe commencent à se considérer comme faisant partie d'une classe internationale dont les intérêts s'opposent diamétralement à ceux de leurs propres patrons et du gouvernement des patrons. Et à se sentir à l'aise dans l'histoire dont ils sont une partie vivante.

Cependant, Farrell Dobbs savait mieux que quiconque que ce qu'il accomplissait n'était possible que parce qu'il faisait partie de la large couche de cadres dirigeants du parti communiste fondé en 1919 pour faire aux États-Unis ce que les bolcheviks venaient de faire en Russie, le parti qui prendra en 1938 le nom de Parti socialiste des travailleurs. En 1940, alors que la deuxième guerre mondiale approchait à grands pas, la réaction gagnait du terrain dans la bureaucratie syndicale qui préparait les rangs à la guerre. La perspective de nouveaux progrès politiques, soit au sein des Teamsters ou du mouvement syndical industriel plus large, était pratiquement fermée pour le moment. En janvier de la même année, Farrell Dobbs a démissionné de son poste d'organisateur général du syndicat international des Teamsters. Il l'a fait pour devenir secrétaire à l'organisation et au travail syndical d'un parti dont les effectifs allaient rapidement chuter bien en dessous de 1 000 membres, sous l'impact de la retraite du mouvement syndical et de la capitulation de la petite bourgeoisie face à l'hystérie patriotique.

L'année suivante, la direction de ce parti qui refusait de céder aux pressions de la guerre et plusieurs cadres des combats menés par la section 544, y compris Farrell Dobbs lui-même, seront inculpés pour conspiration et sédition, condamnés et envoyés en prison par les procureurs fédéraux. Ceux-ci se servaient pour la première fois de la « loi bâillon » de Smith qui allait bientôt devenir tristement célèbre — une première mise en oeuvre de la « sécurité intérieure » par la classe dominante.

C'est en tant qu'homme de parti — particulièrement lorsqu'il a assumé pendant près de trois décennies des responsabilités en tant que permanent national du Parti socialiste des travailleurs (la plupart de ce temps comme secrétaire national) — que Farrell Dobbs réalise ses plus grandes contributions en tant que dirigeant : en offrant un exemple d'intégrité ouvrière depuis la prison pendant la deuxième guerre mondiale ; en traçant un cours communiste inébranlable pour les cadres du parti dans les syndicats et dans l'action politique lors de la chasse aux sorcières de l'après-guerre ; en encourageant en paroles et en actes le mouvement communiste et le mouvement

« C'est en tant qu'homme de parti, quand il a assumé pendant trois décennies des responsabilités comme officier national du SWP, que Farrell Dobbs a fourni ses plus grandes contributions de dirigeant. » —*Jack Barnes*

En haut : En campagne à Détroit, 1948. Dobbs (au centre) s'est présenté quatre fois comme candidat du Parti socialiste des travailleurs à la présidence des États-Unis.

En bas : Dobbs (en chemise blanche) pendant un voyage à Cuba, en avril 1960. Lors de l'élection présidentielle de cette année-là, Dobbs a fait campagne pour défendre la révolution cubaine. Joseph Hansen, un dirigeant du parti et rédacteur en chef du *Militant*, a accompagné Dobbs et écrit une série d'articles publiés plus tard sous le titre *The Truth about Cuba*.

JOSEPH HANSEN/THE MILITANT

syndical à s'associer à la lutte prolétarienne de masse pour les droits des Noirs ; en aidant à diriger le parti lorsque celui-ci a répondu à la révolution cubaine et l'a embrassée comme sienne ; en collaborant à l'élaboration d'une politique militaire pour le prolétariat que les jeunes socialistes ont mise en oeuvre au sein du large mouvement d'opposition à la guerre de l'impérialisme US au Vietnam ; et en poursuivant activement le recrutement d'une nouvelle génération de cadres qui émergeaient de ces événements mondiaux de grande portée.

Farrell Dobbs a aidé à diriger le mouvement communiste pendant la retraite et le déclin du mouvement ouvrier à partir de la fin des années 1940 jusqu'au milieu des années 1970. Il a soutenu et conseillé sans compter les cadres plus jeunes du parti qui, à la fin des années 1970, ont dirigé un tournant vers les syndicats alors que se développaient de nouvelles luttes et ouvertures — d'abord en particulier dans les mines de charbon et les usines sidérurgiques — et ont organisé les membres du parti pour qu'ils répondent en tant qu'internationalistes prolétariens aux révolutions triomphantes au Nicaragua, à la Grenade et en Iran.

De la deuxième guerre mondiale à celle de Corée et du Vietnam, Farrell Dobbs a orienté le mouvement pour que nous nous adressions à nos frères travailleurs en uniforme, les soldats, ces résidents US qui paient le tribut le plus cher de tous pour la quête incessante de domination mondiale de Washington. Et il a aidé à armer politiquement les travailleurs et les jeunes qui sont communistes pour qu'ils prennent conscience, sans broncher, de la nécessité inévitable de s'organiser pour combattre et mettre en échec la répression intensifiée de l'État, les formes de domination militaire et les bandes fascistes parrainées par les capitalistes, alors que l'ordre impérialiste aux États-Unis — à travers des zigzags imprévisibles et pendant une durée impossible à prédire — est encore une fois entré dans une période de crise mondiale comparable à celle qui s'est écoulée de 1914 jusqu'à la deuxième guerre mondiale. « Aux membres de la garde de défense syndicale de la section 544, » dit sa dédicace au troisième volume de la série, *Teamster Politics*.

Farrell Dobbs a souvent attiré l'attention sur la contribution spéciale faite au mouvement ouvrier par les anciens combattants des forces armées. Un exemple parmi les militants que nous rencontrons dans *Rébellion Teamster* nous est offert par Ray Rainbolt, un des organisateurs sur le terrain des piquets de grève mobiles pendant les grèves de 1934 et plus tard élu par les 600 membres de la garde de défense syndicale de la section 544 pour servir comme leur commandant. Pour des travailleurs au milieu des années 1930, le fait de choisir un Indien sioux pour les diriger au combat — pour leur donner des ordres et pour les discipliner si nécessaire — est loin, très loin d'être un événement courant dans ce pays, surtout dans le Nord du Midwest ou dans l'Ouest des États-Unis. La popularité que Ray Rainbolt s'est acquise parmi les rangs des travailleurs combatifs démontre la profondeur des changements dans les attitudes politiques, la discipline de combat et la solidarité humaine forgées au cours du combat de classe que Farrell Dobbs décrit dans les livres *Teamsters*.

∽

Dans une présentation faite en 1966 devant une assistance largement composée de membres de l'Alliance des jeunes socialistes dans le cadre d'une École de vacances de la côte Ouest en Californie, Farrell Dobbs a résumé la vision historique mondiale qui décrit le mieux le cours politique de toute sa vie ; les caractéristiques de classe indispensables à tout révolutionnaire prolétarien ; et ce que la classe ouvrière exige par-dessus tout de ses dirigeants.

Nous devons rester constamment conscients du rôle clé des États-Unis dans le monde. L'impérialisme US est aujourd'hui le moteur de la réaction mondiale, comme le démontre amplement la guerre au Vietnam.

C'est un fait indiscutable que, tant que le capitalisme ne sera pas renversé ici dans les États-Unis d'Amérique, la bande de chiens enragés impérialistes qui dirigent ce pays restera une menace mortelle pour toute l'humanité. Nous ne devons jamais l'oublier.

Cela veut dire que la bataille décisive pour le socialisme mondial se jouera ici même dans les États-Unis d'Amérique. Et quand la victoire révolutionnaire aura été remportée, le capitalisme dépassé et décadent disparaîtra littéralement du jour au lendemain de la surface de notre planète. L'humanité marchera en avant vers la construction d'une société socialiste éclairée, où pour la première fois les gens pourront vraiment vivre ensemble sur cette planète en paix, en sécurité et en liberté. L'humanité se rendra enfin compte du genre de vie gratifiante que l'intelligence humaine est abondamment capable d'engendrer, même au niveau actuel du développement technologique. Une fois que l'humanité aura appris comment se conduire aux niveaux politique, organisationnel et social, elle pourra profiter de ces merveilles.

Voilà ce à quoi nous consacrons nos vies. Nous, membres du parti, nous, révolutionnaires aux États-Unis — qui agissons au mieux que nous pouvons en solidarité avec les combattants révolutionnaires à travers le monde — nous devons toujours garder en tête qu'en dernière analyse le sort de l'humanité repose sur la révolution socialiste aux États-Unis. Notre tâche est de construire un parti capable

BIBLIOTHÈQUE PUBLIQUE DU COMTÉ DE HENNEPIN

Ray Rainbolt, en arrière avec un chapeau, commandant en chef de la garde de défense, Minneapolis, 1941. Devant, d'autres dirigeants des Teamsters : Harry DeBoer (au volant) et Grant Dunne.

« Pour des travailleurs au milieu des années 30, le fait de choisir, pour les diriger au combat, Ray Rainbolt, un Indien sioux, était très loin d'être un événement courant dans ce pays, dit Jack Barnes. La popularité que Ray Rainbolt s'était acquise montre à quel point les combats de classe que décrit Dobbs avaient changé les attitudes politiques, la discipline de combat et la solidarité humaine. »

de diriger cette révolution, d'affronter le plus odieux des régimes de classe réactionnaires et monstrueux qui existent sur cette planète : la classe dirigeante impérialiste des États-Unis.

Le chemin devant nous dans cette lutte sera parsemé d'obstacles et il y aura beaucoup d'embûches. Il n'y a pas de feuille de route, pas de façon de trouver une espèce de guide détaillé qui vous indiquera ce qu'il faut faire à chaque étape. Notre tâche est de tracer un cours révolutionnaire basé sur une compréhension fondamentale de notre programme — sur une intériorisation fondamentale de notre stratégie révolutionnaire — et d'élaborer les tactiques qui vont dans cette direction à mesure que nous avançons.

Il n'y a pas d'échéancier. Personne ne peut dire combien de temps cela prendra ni quand cela se produira. Je crois personnellement que pour vous qui êtes assis aujourd'hui dans cette salle, qui avez toute votre jeunesse pour vous, les probabilités de voir cette explosion sont au moins aussi bonnes que celles de [l'écrivain] Damon Runyon, soit de six contre cinq.

Mais ceci dit, je veux tout de suite ajouter : *n'en faites pas une condition. N'adoptez pas le critère selon lequel le changement révolutionnaire doit se produire de votre temps.* N'adoptez pas comme guide de votre vie active cette notion étroite, provinciale et égocentrique que si ça n'arrive pas durant votre propre existence subjective sur cette planète, ce n'est pas important.

Rappelez-vous toujours que l'histoire est magnifiquement indifférente aux problèmes de l'individu. L'histoire se moque que vous mouriez à l'âge de six ans ou que vous viviez jusqu'à 700 ans si c'était possible, ou de ce qui arrive au cours de votre vie particulière. Comme le poète allemand Goethe a dit un jour : « L'histoire avance comme un mendiant ivre à cheval. »

Courage, discipline, un plan de bataille 151

Beaucoup de choses peuvent arriver pendant la courte durée de votre vie ou vous pouvez connaître une existence ennuyeuse. Certains ont eu la bonne fortune de vivre plus en une année que ce que d'autres ont pu vivre, à une autre étape historique, pendant toute leur vie. Ou comme [le fondateur du premier parti marxiste en Russie, Georges] Plekhanov l'a formulé une fois : « Sans la révolution française, Napoléon aurait probablement fini caporal dans l'artillerie française. »

Ne posez pas comme condition que la révolution socialiste doit se produire de votre vivant. Ne soyez pas seulement un citoyen de la planète, soyez un citoyen du temps. Prenez conscience que ce qui est fondamental, c'est d'être en relation avec la race humaine depuis l'aube de l'histoire jusqu'à des sommets dont nous ne pouvons que vaguement commencer à rêver.

Et quelle est l'alternative ? L'alternative est de faire un compromis avec ce système capitaliste pourri. Savez-vous à quoi ressemblent les gens qui font ça ? Vous souvenez vous du film *Tous les biens de la terre* ? Comme vous le savez, Jabez Stone vend son âme à Scratch, le diable. Il le fait contre la promesse que ses ambitions personnelles seront ainsi satisfaites. Plus tard il regrette son geste et demande que son âme lui soit rendue. Scratch, joué par Walter Huston, ce magnifique acteur, finit par dire : ça va, je te la rends.

Scratch sort alors une petite boîte d'allumettes de sa poche. Il ouvre la boîte et commence à y farfouiller avec son doigt boudiné, essayant et essayant encore de trouver la minable petite âme de Jabez Stone pour la lui rendre.

C'est le symbole de ce que vous faites de votre propre âme si vous passez un compromis avec ce système pourri.

Notre travail est de construire un mouvement d'hommes et de femmes qui suivent l'exemple des combattants aguerris de la ligne continentale lors de la première révolution américaine. Apprenez à être des combattants révolutionnaires professionnels. Ne soyez pas des soldats du dimanche. Ne le faites pas en dilettantes, ne vacillez pas. Ne mettez rien au-dessus des considérations du mouvement. Gardez votre place aux premiers rangs des combattants révolutionnaires et restez-y jusqu'à la fin.

Il n'y a aucune autre façon de pouvoir trouver une vie aussi riche, aussi gratifiante, aussi fructueuse et aussi pleine de sens.

∽

Farrell Dobbs aurait porté avec beaucoup de plaisir un toast à la traduction et à la publication en espagnol de *Rebelión Teamster*. Il aurait surtout savouré l'histoire des jeunes mineurs en lutte dans l'Utah en train d'en écouter une traduction à vue, page après page, pendant une longue nuit dans leur abri de grève.

Cela lui aurait rappelé des souvenirs. Il a souvent fait remarquer combien il était difficile dans les années 1930, lorsqu'il a commencé à chercher des réponses politiques, de trouver ne serait-ce qu'un seul livre lui offrant le genre de perspective historique dont il était assoiffé et comment il a fouillé les bibliothèques municipales à la recherche de quelque chose, de n'importe quoi. Et il a décrit l'impact foudroyant qu'ont eu sur lui les premiers livres et brochures marxistes que lui ont donné à lire les cadres de la Ligue communiste d'Amérique qui l'avaient recruté, des révolutionnaires comme Vincent Ray Dunne, connu comme V. R., et Carl Skoglund, affectueusement surnommé Skogie par tous ses amis et camarades.

À cette époque, beaucoup moins de classiques du marxisme avaient été traduits en anglais, et ceux qui l'avaient été n'étaient pas faciles à trouver. C'était vrai non seulement des

Courage, discipline, un plan de bataille 153

oeuvres de Karl Marx et Friedrich Engels, de V. I. Lénine et Léon Trotsky, mais aussi de celles des dirigeants du mouvement communiste aux États-Unis.

Pendant les fréquentes et longues heures de route qui faisaient partie de la campagne pour syndiquer les routiers dans le Midwest, Farrell Dobbs était souvent accompagné de Skogie, qui était devenu un membre du comité exécutif de la section 544 et en sera plus tard le président, un immigré « illégal » de la Suède sous mandat d'expulsion le jour de sa mort en 1960 ! Un des dirigeants les plus largement respectés à la fois du syndicat et de la Ligue communiste d'Amérique, Skogie parlait couramment non seulement l'anglais et le suédois, mais aussi l'allemand — la langue maternelle de Marx et Engels, la langue de révolutionnaires exceptionnels comme Rosa Luxembourg et Karl Liebknecht, et la langue politique de Lénine, Trotsky et d'autres dirigeants des premières années de l'Internationale communiste.

Au fil des décennies, Skogie s'était constitué une bibliothèque marxiste considérable, dont il se servait. Lorsqu'ils prenaient la route pour accomplir des tâches d'organisation syndicale, Skogie faisait souvent la lecture à Farrell — parfois à partir de traductions en anglais, parfois en traduisant à vue directement de l'allemand — donnant à Farrell accès aux oeuvres du marxisme qu'il recherchait si avidement.

Une célébration digne de cette toute première publication de *Rebelión Teamster* serait d'achever cet effort — traduire les trois autres livres qui forment la série *Teamster* et un bon bout de *Revolutionary Continuity: Marxist Leadership in the US* — avant 2009, le quatre-vingt-dixième anniversaire de la fondation dans ce pays du mouvement de Farrell, le mouvement communiste. [*Burocracia Teamster*, la traduction en espagnol du dernier des quatre volumes de

Farrell Dobbs, a été publiée en 2018, un an avant le centenaire du communisme américain. — JB]

~

Rébellion Teamster n'est pas un « manuel » ou un guide. C'est le récit d'une expérience concrète dans la lutte des classes — une expérience qui peut être étudiée et assimilée par des travailleurs et des agriculteurs qui ont une conscience de classe et qui se trouvent eux-mêmes au centre d'autres luttes, à d'autres époques, dans d'autres conditions et parlant beaucoup de langues différentes.

Dans un siècle nouveau — de plus en plus marqué par une catastrophe économique menaçante et par une marche qui s'accélère vers des guerres sanglantes déclenchées par la dernière puissance impérialiste, qui cherche ainsi à prolonger son existence — les expériences concrètes des hommes et des femmes de la section 574 s'avèreront toujours plus actuelles et précieuses.

Dans un monde où les travailleurs et les agriculteurs d'avant-garde, et les jeunes attirés par leurs luttes, cherchent quotidiennement la solidarité d'autres combattants et leur offrent la leur, *Rébellion Teamster* sera lu dans un nombre croissant d'abris de grève, dans les montagnes et les prairies, au milieu des grandes villes et des petits villages, et sera aussi traduit dans d'autres langues, à travers les Amériques et au-delà.

Rébellion Teamster est dédié « aux hommes et aux femmes qui m'ont donné une confiance inébranlable dans la classe ouvrière, les travailleurs du rang de la Section interprofessionnelle 574 des camionneurs. » C'est leur histoire, le récit de ce qu'ils ont été capables d'accomplir quand ils ont pu compter sur une direction digne d'eux.

Aujourd'hui, ceux qui cherchent à suivre l'exemple d'engagement et de sérieux de l'avant-garde Teamster de 1934 liront ce livre en anticipation à la fois des batailles actuelles et futures. Ce faisant, ils en viendront à comprendre la vérité qui se trouve au coeur du *Manifeste communiste* : le communisme n'est pas un ensemble d'idées, mais la généralisation constamment renouvelée de la ligne de marche d'une classe luttant pour son émancipation. Et ils se joindront à cette ligne de marche, devenant une partie de son avant-garde de plus en plus consciente et de plus en plus aguerrie au combat.

Décembre 2003

QUATRIÈME PARTIE

Les syndicats : leur passé, leur présent et leur avenir

Karl Marx

Les syndicats : leur passé, leur présent et leur avenir

KARL MARX

L'Association internationale des travailleurs (la Première Internationale) a adopté la résolution qui suit lors de son congrès de septembre 1866, à Genève en Suisse. Karl Marx l'a rédigée en anglais, car elle faisait partie d'un rapport qu'il avait présenté aux délégués du Conseil général, l'instance de direction de l'Internationale, qui siégeait à Londres.

LEUR PASSÉ

Le capital est une force sociale concentrée, tandis que le travailleur ne dispose que de sa force de travail. Le *contrat* entre le capital et le travail ne peut donc jamais s'établir en termes équitables, même au sens d'une société qui place d'un côté la propriété des moyens matériels de vie et de travail et de l'autre l'énergie productive vitale. La seule puissance sociale que possèdent les travailleurs, c'est leur nombre. Cependant, la désunion mine cette force du nombre. La *concurrence inévitable qu'ils se livrent entre eux* engendre et perpétue la désunion des travailleurs.

Les syndicats sont nés des efforts *spontanés* de travailleurs pour empêcher, ou du moins atténuer, cette concurrence de manière à obtenir des termes de contrat qui leur permettent au moins de s'élever au-dessus de la condition de simples esclaves. L'objet immédiat des syndicats se limitait toutefois aux besoins quotidiens, à des expédients contre les empiétements incessants du capital, en un mot aux questions de salaire et d'heures de travail. Cette activité des syndicats n'est pas seulement légitime, elle est nécessaire. On ne peut y renoncer tant que dure le système de production actuel. Qui plus est, il faut généraliser cette activité par la formation et l'unification des syndicats dans tous les pays. D'un autre côté, les syndicats ont formé à leur insu des *centres d'organisation* de la classe ouvrière, comme les communes et les municipalités du moyen âge en avaient constitué jadis pour la classe bourgeoise. Si les syndicats sont indispensables dans la guerre de guérilla entre le travail et le capital, ils sont encore plus importants en tant *qu'agences organisées pour remplacer le système même du travail salarié et la domination du capital.*

LEUR PRÉSENT

Les syndicats s'occupent trop exclusivement des luttes locales et immédiates contre le capital. Ils n'ont pas encore tout à fait compris leur puissance d'action contre le système de l'esclavage salarié lui-même. Ils se sont donc tenus trop à l'écart des mouvements sociaux et politiques généraux. Néanmoins, ces derniers temps, ils semblent

« Les syndicats doivent veiller aux intérêts des travailleurs les plus misérablement rétribués, notamment les travailleurs agricoles, rendus impuissants par des circonstances exceptionnelles. » —*Karl Marx*

ERIC SIMPSON/THE MILITANT

Watsonville, Californie, mars 2016. Des partisans des travailleurs agricoles en lutte pour un syndicat dans la vallée de San Quintin au Mexique et dans le nord de la Californie font un piquet devant le siège du géant mondial de l'agroalimentaire Driscoll. À droite, se trouve Eleanor García, alors candidate du Parti socialiste des travailleurs au sénat pour la Californie, qui s'était jointe à la lutte.

s'éveiller quelque peu à la conscience de leur grande mission historique, comme le montrent, par exemple, leur participation au récent mouvement politique en Angleterre, la vision plus large qu'ils ont de leur fonction aux États-Unis, et la résolution suivante, adoptée récemment lors la grande conférence des délégués syndicaux à Sheffield* :

« Cette conférence, appréciant à leur juste valeur les efforts fournis par l'Association internationale [des travailleurs] pour unir dans un lien fraternel les travailleurs de tous les pays, recommande avec force à toutes les sociétés représentées ici de s'affilier à cette organisation, avec la conviction qu'elle est essentielle au progrès et à la prospérité de toute la communauté des travailleurs. »

LEUR AVENIR

En dehors de leurs objectifs initiaux, ils doivent maintenant agir délibérément comme foyers organisateurs de la classe ouvrière dans le but large de sa *complète émancipation*. Ils doivent soutenir tout mouvement politique et social allant dans cette direction.

En se considérant eux-mêmes et en agissant comme les champions et les représentants de toute la classe ouvrière, ils réussiront à regrouper dans leurs rangs les travailleurs qui ne sont pas organisés en syndicats. Ils doivent veiller avec le plus grand soin aux intérêts des travailleurs

---

* Marx fait allusion au fait que les syndicats en Grande-Bretagne ont aidé à diriger la campagne pour étendre le suffrage aux travailleurs masculins, alors privés du droit de vote. Il évoque aussi la participation active des syndicats aux États-Unis dans la lutte pour la journée de travail de huit heures. La conférence de Sheffield, qui a eu lieu du 17 au 21 juillet 1866, a rassemblé des délégués qui représentaient 200 000 travailleurs syndiqués en Grande-Bretagne.

les plus misérablement rétribués, notamment les travailleurs agricoles, rendus impuissants par des circonstances exceptionnelles.

Ils doivent convaincre le monde dans son ensemble que leurs efforts, loin d'être étroits et égoïstes, ont pour objectif l'émancipation de millions d'opprimés.

INDEX

Afghanistan, 24
AFL (Fédération américaine du travail), 70, 99-100
Agriculteurs, 23-24, 94, 103, 116, 143, 154
   Voir aussi Gouvernement des travailleurs et des agriculteurs
Allemagne, 12, 37, 45, 62, 92, 108, 116, 122
   et les Juifs, 101, 116
Alliance des jeunes socialistes, 11, 146-147
Anarchisme et anarcho-syndicalisme, 30, 56, 59, 63, 69-71, 74, 78-79
Angleterre. *Voir* Royaume-Uni
Aristocratie du travail, 32, 60-61, 63, 67-68, 95
Asheville, Caroline du Nord, 117
Association internationale des machinistes, 38, 41
Association internationale des travailleurs (Première Internationale), 12, 31-32, 159-163
Australie, 37
Autriche, 92
Avant-garde de la classe ouvrière, 73, 105, 109, 113-114, 154-155
Avortement, droit à l', 24

Banques, 29-30, 59, 94, 103
Barnes, Jack, 11, 133-155
Bear, le canyon, (Utah), 134

Belden, George K., 118
Bolcheviks, 12, 26, 30, 78, 90, 143
Bonaparte, Louis, 61
Bonaparte, Napoléon, 61, 151
Bonapartisme, 61, 67
« Brexit » (Royaume-Uni), 25
Burocracia Teamster (Dobbs), 153

Camp solidarité (grève des mineurs de Pittston, 1989-1990), 41
Canada, 37
Cannon, James P., 97, 101, 106
Capitalisme, 63-69, 86-94, 98, 101-106, 148
   crises du, 16-18, 23-24
   des monopoles, 59-60, 67-71
Cárdenas, Lázaro, 73
Castro, Fidel, 15
Catastrophes aériennes, 23
Chauffeurs-propriétaires (camionneur, chauffeur), 20, 29, 128, 131
Chemises d'argent, les, 117-126
Chine, 142
Chômeurs, 94, 99, 120, 141
   alliés des luttes ouvrières, 128, 143
   « charlatans de l'extrême droite », 116
   demande que les capitalistes « ouvrent leurs livres », 102-104
   demande de réduction des heures de travail sans perte salariale, 85-86, 91-93

Chômeurs *(suite)*
  industrie de guerre comme
  « solution » capitaliste, 105
CIO (Congrès des organisations
  industrielles) 56-57, 85-95,
  98-100
  carence de programme
  politique, 86-91
  croissance du, 70, 98-99, 105
  menaces des droitiers contre le,
  88, 100-101, 116-117
Clinton, Hillary, 20, 35
Comintern. *Voir* Internationale
  communiste
Comité fair-play pour Cuba, 11
Comités de grève, 79
Comités d'usine, 69, 77-83, 100, 103
  Voir aussi Contrôle ouvrier sur
  l'industrie
Commune de Paris, 74
Conférence de Paris (août 1933),
  et nouvelle internationale
  communiste, 55
Conscience politique et de classe,
  45-47, 142-144, 147-155
« Conseil associé des syndicats
  indépendants », 118
Conserveries, grèves des
  travailleurs des (les années
  80), 40
Constitution (États-Unis), 36
Contrôle ouvrier sur l'industrie,
  73, 100, 102-103
Co-Op, grève des mineurs (2003-
  2004, Utah), 133-138, 152
Corée, guerre de, 146
Cour suprême, 35

Démocratie bourgeoise, 64, 74,
  78-80, 114
  dans les pays coloniaux et semi-
  coloniaux, 67

Démocratie bourgeoise *(suite)*
  illusions sur la, 60, 80, 92, 102
  instabilité de la, 61, 67, 114
Démocratie ouvrière, 62-63, 66,
  69-71, 74-75
Département du Travail (États-
  Unis), 71
« Déplorables », 20, 25, 28-29
Deserado, la mine de charbon
  (Colorado), 134
Dette, esclavage de la, 23, 25
Deuxième guerre mondiale, 10-11,
  52, 70, 104, 142-144
  opposition de la classe ouvrière
  à la, 10-11, 113-114, 142-144
Dobbs, Farrell, 10-11, 27-30, 51-57,
  114-131, 141-155
  livres de
    Burocracia Teamster, 153
    Rébellion Teamster, 133-155
    Revolutionary Continuity:
    Marxist Leadership in the
    US, 142, 153
    Teamster Bureaucracy, 153-154
    Teamster Politics, 141, 147
    Teamster Power, 141
  Voir aussi Teamsters, syndicat des
Droit de vote, 24, 35-36
Droits démocratiques, lutte pour
  défendre les, 78, 87
Dunne, Grant, 141
Dunne, Vincent Ray (V. R.), 97,
  102, 152

Eastern Airlines, la grève contre
  (1989-1991), 41
Échelle mobile des heures de
  travail, salaires, 85-86, 91-93
  Voir aussi Programme de
  transition, revendications de
École de vacances de la côte Ouest
  (Californie), 147

« Économisme », 45-47
Emery Mining, la compagnie, 40-41
Engels, Friedrich, 12, 30-31, 86
Environnement, destruction de l', 23
Esclavage salarié, 160
Espérance de vie (États-Unis), déclin de l', 23
Europe, 47, 53, 100
Fascisme, 30, 60, 78, 92-93, 108, 114, 118
Chemises d'argent (Minneapolis), 114-126
Voir aussi Garde de défense syndicale
combattre le, 100-101, 108-109
aux États-Unis, 87-93, 100-101, 146
Juifs, attaques contre les, 116, 123
« Minnesota Minute Men », 118
travail révolutionnaire sous des régimes fascistes, 60-63
Femmes, émancipation des, 16
Ford, Henry, 82
France, 25, 37, 52-53, 69-70, 74, 77-79, 101, 151
Front populaire (Espagne, France), 70, 100-101

Garde de défense ouvrière. *Voir* Garde de défense syndicale
Garde de défense syndicale, 92-93, 100-101, 104, 107-109, 120
les Chemises d'argent, 117-126
à Minneapolis, Minnesota, 109, 113-126, 147
Rainbolt, Ray, 121, 123, 125, 147
Genève, Suisse, 159
« Gilets jaunes » (France), 25
Goethe, Johann Wolfgang von, 150

Gordon, le rabbin Albert I., 118
Gouvernement des travailleurs et des agriculteurs, 9, 11, 78, 99-100, 103-106
Grande-Bretagne. *Voir* Royaume-Uni
Grande dépression, 128, 136
Grève des chauffeurs de taxi à Minneapolis (1934), 128-131
Grèves avec occupation, 80-83, 89-90
Guerre civile (Espagne), 55, 71, 78-79
Guerre civile (États-Unis), 15, 31-32, 36
Guerre civile (Russie), 10
Guerre du Vietnam, 16, 146, 148

Hague, Frank, 87-90, 100, 115
Hitler, Adolph, 52, 108
Hongrie, soulèvement des travailleurs en (1956), 15
Hormel, grève des travailleurs des abattoirs (Minnesota, 1985-1986), 40
Huston, Walter, 151

Impérialisme, 17, 60-61, 64, 67-68, 142, 148
Voir aussi Afghanistan ; deuxième guerre mondiale ; guerre de Corée ; guerre du Vietnam ; Irak ; Libye ; Niger ; première guerre mondiale ; Yémen
Industries associées, 118, 124
Internationale communiste, 9-12, 52-55, 153
Internationale, Première, 12, 31-32, 159-163
Internationale, Quatrième, 55-57, 68, 75, 77-78

Irak, 24
Italie, 37, 120

Japon, 37, 142
Jersey City, New Jersey, 87, 100, 116
Jim Crow, ségrégation de. *Voir* Noirs, lutte pour les droits des
Jouhaux, Léon, 70
Juifs, 116, 118, 123

Khrouchtchev, Nikita, 15

La Guardia, Fiorello, 94-95
Lénine, V. I., 10, 12, 25-26, 45-47, 98, 105
Lewis, John L., 88, 99
Liberation (journal des Chemises d'argent), 117
Libye, 24
Ligue communiste (1847-1852), 12
Ligue communiste d'Amérique (précurseur du SWP), 98, 141, 152-153
Ligue non partisane du travail, 99
Livres, leur importance pour le mouvement ouvrier, 16, 25, 152-153
Logement, 23

Machinistes, Association internationale des, 38, 41
Madison, Wisconsin, 18-19
Malcolm X, 11
Malcolm X, la libération des Noirs et la voie vers le pouvoir ouvrier (Barnes), 13-14, 38
Manifeste communiste, Le (Marx, Engels), 12, 30-32, 86, 141, 155
Marx, Karl, 12, 30-32, 74, 86, 159-163
Marxisme, classiques du, 152-153

« Meilleure classe de personnes », 33-34, 42
Mein Kampf (Hitler), 108
Méritocratie, 33-35, 42
Métallurgistes unis d'Amérique (Métallos), 16-17, 38, 40
Mexique, 10, 57, 61, 73, 85, 97
  discussions avec Trotsky au, 85-109
Milices ouvrières. *Voir* Garde de défense syndicale
Militant (journal), 16, 19-20, 41, 53, 65, 85, 98
Mineurs unis d'Amérique, syndicat des, 16-17, 38, 13
  grève de 110 jours (1978-1979), 40
  grève de Pittston (Appalaches, 1989-1990), 41
Minneapolis, Minnesota, 10, 97, 109, 113-126
  Voir aussi Teamsters, syndicat des
Minnesota Leader (journal du Parti des agriculteurs et des travailleurs), 118
« Minnesota Minute men », 118
Mouvement du 26 juillet (Cuba), 15
Mouvement minoritaire (Royaume-Uni), 69-70

Nazis, 101, 108, 116
New Deal (administration Roosevelt), 114
New Jersey, 87, 100
Newport News, Virginie, grève des chantiers navals (1979), 40
Niger, 24
Noirs, lutte pour les droits des, 15-17, 24, 38-39, 146
Northwest Organizer (journal des Teamsters de Minneapolis), 118, 124, 142

Nouvelle-Orléans, Louisiane, 116
Nouvelle-Zélande, 37

Obama, Barack, 34-35, 42
Omaha, Nebraska, 141
Opioïdes, dépendance aux, 23
Opposition de gauche, 52-55
« Ouvrir les livres de compte ».
   Voir Programme de transition,
   revendications de

Parti américain du travail, 94
Parti communiste
   États-Unis, 97-98
   France, 53-54, 70
   Royaume-Uni, 55
   Voir aussi Parti socialiste des
   travailleurs
Parti conservateur (Royaume-
   Uni), 69
Parti démocrate, 34-35, 37, 94, 99
Parti ouvrier, 94-95, 98-102, 106,
   113-116
Parti ouvrier socialiste
   révolutionnaire (Pays-Bas),
   55-56, 72
Parti républicain, 19-22, 35, 94, 99
Parti socialiste (France), 53
Parti socialiste des travailleurs
   (États-Unis), 10-11, 13-17, 69, 77,
   97, 107, 141, 144, 148-152
   campagnes pour des postes
      publics, 20, 24
   centième anniversaire, 27
   défense de la révolution
      cubaine, 15
   dirigeants emprisonnés pour
      s'être opposés à la deuxième
      guerre mondiale, 10-11, 114,
      143-144
   discussions avec Trotsky au
      Mexique, 97-108

Parti socialiste des travailleurs
   (États-Unis) (*suite*)
   fondation, 14-15, 27, 98, 143
   importance de la lecture, 16, 25,
      152-153
   lutte contre la ségrégation, 15
   programme de 1938, 37
   recrutement au, 15-16, 42, 146
   tournant vers la classe ouvrière
      industrielle (milieu des années
      70), 17, 38
   « Tournant Wisconsin » (2011),
      20-22
   Voir aussi Minneapolis,
      Minnesota ; Syndicats, activité
      politique pendant la lutte ;
      Teamsters, syndicat des ;
      Wisconsin, lutte pour défendre
      les travailleurs du secteur public
Parti travailliste indépendant
   (Royaume-Uni), 55
Pays coloniaux et semi-coloniaux,
   60-61, 63-67, 69
   Voir aussi Mexique
Pays-Bas, 55-56, 71-72
Pelley, William Dudley, 117, 123
Pittston Coal, le groupe, 41
Plekhanov, Georges, 151
Plotkin, Abraham, 85-95
Police, attaques de la, 24
Pologne, soulèvement des
   travailleurs en (1956), 15
Première guerre mondiale, 14, 70
Première Internationale
   (Association internationale des
   travailleurs), 12, 31-32, 159-163
Programme de transition, 10, 102
   discussions avec Trotsky au
      sujet du, 57, 68-69, 97-106,
      107-109
   pour le parti et les syndicats,
      68-69, 77-80, 106

Programme de transition (*suite*)
revendications de
contrôle ouvrier sur
l'industrie, 73-74, 100,
102-106
garde de défense syndicale,
92-93, 100-101, 104, 107-109
gouvernement des
travailleurs et des
agriculteurs, 94, 97-106
ouvrir les livres, 102-105
réduction des heures sans
perte salariale, 85-86, 91-93

Quatrième Internationale, 55-57, 68, 75, 77-78
Que faire ? (Lénine), 25-26, 45-47

Rainbolt, Ray, 121-124, 147
Rébellion Teamster (Dobbs), 133-155
Reconstruction radicale (États-Unis), 15, 36
Réformisme, 45-47, 53-54, 68, 82, 99
et les syndicats, 53-54, 60-61, 63, 65-66, 71, 78
Région « à survoler », la, 36
Révolution américaine, 36, 152
Révolution bolchevique (Russie, octobre 1917), 14, 27
Révolution cubaine, 11, 15, 146
Révolution à la Grenade, 39
Révolution nicaraguayenne, 39
Révolution russe. *Voir* Révolution bolchevique
Revolutionary Continuity: Marxist Leadership in the US (Dobbs), 142, 153
Roosevelt, Franklin D., 70, 99, 114
Préparations de la deuxième guerre mondiale, 94, 105, 142

Royaume-Uni, 25, 37, 47, 52, 55, 65, 69-70, 162
Russie, 9, 14, 45, 47, 53, 105, 143, 151

Santé et sécurité au travail, 23, 41, 45, 93, 102, 136
Scholl, Marvel, 138
Scratch (dans le film *Tous les biens de la terre*), 151
Secrétariat national du travail (Pays-Bas), 56, 71-72
Secrets commerciaux et comptables, 102-106
Secrets commerciaux et tenue de livres, 102-106
Section locale 574 du Syndicat général des chauffeurs. *Voir* Teamsters, syndicat des
Shachtman, Max, 97, 100-101, 104
Sheffield, Royaume-Uni, 162
Sioux, 147
Skoglund, Carl (Skogie), 152-153
Smith, Loi bâillon de, 114, 144
Sneevliet, Henk, 56, 71-72
Social-démocratie, 15
« Socialisme dans un seul pays » (Staline), 32
Socialist Appeal (nom du *Militant* de 1937 à 1941), 85
Sociaux-démocrates (Europe), 59, 92, 104, 108
Sociaux-démocrates (Russie), 45-47
Solidarité et lutte de classe, 13-14, 24, 144-147, 154
Soviets (conseils), 26, 66, 79
Staline, Joseph, 9-10, 15, 32
Stalinisme, 15-16, 53, 55, 69, 78, 100
Stone, Jabez (dans le film *Tous les biens de la terre*), 151
St-Paul, Minnesota, 124
Suicide, taux de, 23

Syndicalisme. *Voir* Anarchisme et
  anarcho-syndicalisme
Syndicats
  aristocratie ouvrière, 32-33, 60-61,
    63, 67-68, 79, 82
  au centre de la politique aux
    États-Unis (dans les années 70
    et 80), 38, 41-42
  chauffeurs-propriétaires et
    ouvriers qualifiés, 29
  comme organisations
    révolutionnaires ou au service
    du capital, 63-65
  concurrence parmi les
    travailleurs, 14, 160
  courants sectaires dans les, 52-56,
    78, 80, 90
  direction des, 29, 32-33
  employés du secteur public,
    19-20, 37
  glissement à droite par les
    dirigeants des, (à la fin des
    années 30), 69-71
  indépendance face à l'État, 28, 41,
    52, 59-63, 67-68, 70-71, 79-80,
    113, 143
  journée de huit heures, la lutte
    pour, 162
  « neutralité » politique, 59, 63-64
  origine des, 65, 159-160
  pas un « fétiche » des, 52, 56, 78
  dans les plus petites villes et
    villages, syndicalisation, 28-29
  résistance aux attaques des
    patrons (dans les années 70),
    16-17
  résolution de Marx sur les,
    159-163
  staliniens dans les, 53, 55, 66,
    69-70, 78
  syndicalisation, taux de, 37, 79
  syndicats « rouges », 53, 78, 80

Syndicats *(suite)*
  syndiquer en tant que
    « travailleurs comme nous », 29
  unité dans les, 13, 52-54, 69-70,
    90, 93-94, 160
Syndicats, activité sociale et
  politique par le biais des, 38-40
  comme centres d'organisation
    ouvrière, 13, 31, 51-52, 54, 128
  démocratie ouvrière, défense de
    la, 56, 61-64, 71, 74-75
  guerres de Washington,
    opposition aux, 39-40
  immigrés, défense des, 24
  jeunes cubains, tournées de
    conférences de, 40
  Noirs, lutte pour les droits des,
    13, 16, 24, 38-39
  parti prolétarien dans les, 47, 56,
    64, 68-69, 78, 80
  penser socialement, agir
    politiquement, 17, 28-29, 88
  revendications sociales et
    politiques, 47, 77-78, 87, 160-
    163
  travailleuses, défense des droits
    des, 39
« Les syndicats : leur passé, leur
  présent et leur avenir » (Marx),
  30-32
Syndicats, pays
  Allemagne, 62, 92
  coloniaux et semi-coloniaux, 61,
    67, 73-74
  Espagne, 70-71, 78-79
  France, 69-70, 77-79, 101
  Mexique, 61, 73
  Pays-Bas, 71-72
  Royaume-Uni, 55, 65, 69-70, 162
  sous les régimes fascistes, 60-63,
    68, 78, 92-93
  Russie, 45-47

Syndicats « rouges », 53, 78, 80
Syrie, 24

Taylor, F. L., 118
Teamster Bureaucracy (Dobbs), 141
Teamster Politics (Dobbs), 141, 147
Teamster Power (Dobbs), 141
Teamsters, syndicat des
   aux États-Unis, fondation de
   (1903), 127
   Nouvelle Orléans, grève (1938),
   116
   Section locale 574 de
   Minneapolis (plus tard appelée
   section locale 544), 10, 133-155
      les chauffeurs de taxi
      gagnent la grève (1934),
      128-131
      chômeurs, l'organisation des,
      28, 128, 143
      dirigeants emprisonnés pour
      s'être opposés à la seconde
      guerre mondiale, 114
      exemple pour le reste du
      pays, 109, 113-114
      grèves et campagne de
      syndicalisation (1934-1941),
      10, 113, 143
      indépendance politique face
      à la classe dirigeante, 143
Tous les biens de la terre (film,
   1941), 151
*Trade Unions in the Epoch of
   Imperialist Decay* (livre, 1990),
   32, 51-52
Trains, déraillements de, 23
*Transitional Program for Socialist
   Revolution* (livre, 1977), 57, 69,
   77, 97, 107
Travail temporaire, 23
Travailleurs des abattoirs, grèves
   des années 1980, 40
Travailleurs immigrés, 24, 29, 133-
   138, 153
Travailleurs du papier, grèves des
   années 1980, 40
Travailleurs unis de l'alimentation
   et du commerce, (TUAC), 38
Travailleurs unis des transports, 38
Tribuns du peuple, 25, 45-47
Trotsky, Léon, 9-10, 26-27, 32, 38,
   42, 51-57
   discussions avec les dirigeants
   du SWP, 57, 69, 97-109
   livres et résolutions par
   « L'agonie du capitalisme et
      les tâches de la Quatrième
      Internationale », 56
   Programme de transition
      pour la révolution
      socialiste, Le (document,
      1938), 10, 56, 68-69, 77, 97,
      102, 107
   *Trade Unions in the Epoch
      of Imperialist Decay* (livre,
      1990), 51-52
   *Transitional Program for
      Socialist Revolution* (livre,
      1977), 57, 69, 77, 97, 107
Trump, Donald, 42

Union internationale des ouvriers
   et ouvrières du vêtement pour
   dame, 85
Union soviétique, 10, 14-15
   Voir aussi Russie

*Visage changeant de la politique
   aux États-Unis : la politique
   ouvrière et les syndicats, Le*
   (Barnes), 13, 17

Walker, Scott, 18-19
Western Electric, 141

Wilberg, catastrophe de la mine de charbon (Utah, 1984), 41
Wisconsin, lutte pour défendre les syndiqués du secteur public au, 18-19
discussions avec les travailleurs dans tout l'État, 20-22
Wisconsin, le « tournant » (2011), 22
Writings of Leon Trotsky (1933-34), 65-66
Writings of Leon Trotsky (1937-38), 72

Yellow Cab, entreprise (Minneapolis), 130-131
Yémen, 24
Young Socialist (revue), 11

Zachary, Roy, 117-118, 124-125

QUAND VOUS AUREZ TERMINÉ DE LIRE *TRIBUNS DU PEUPLE ET SYNDICATS*, VOUS VOUDREZ LIRE...

Le tournant vers l'industrie : Forger un parti prolétarien (à paraître)
JACK BARNES

Ce livre porte sur le programme, la composition et la ligne de conduite prolétariens du seul type de parti méritant le nom de « révolutionnaire » à l'époque impérialiste. Un parti capable de reconnaître le fait le plus révolutionnaire de cette époque : la valeur de la classe ouvrière et notre pouvoir de changer la société lorsque nous nous organisons et agissons contre la classe capitaliste dans tous ses aspects économiques, sociaux et politiques. Ce livre porte sur la construction d'un tel parti aux États-Unis et dans les autres pays capitalistes à travers le monde. 15 $ US. En anglais et en espagnol.

Malcolm X, la libération des Noirs et la voie vers le pouvoir ouvrier
JACK BARNES

La conquête du pouvoir par la classe ouvrière rendra possible la bataille finale contre l'exploitation de classe et l'oppression raciste. Elle ouvrira la voie vers un monde basé sur la solidarité humaine et non pas sur l'exploitation, la violence et le racisme. Un monde socialiste. 20 $ US. Aussi en anglais, espagnol, farsi, arabe et grec.

Le visage changeant de la politique aux États-Unis
La politique ouvrière et les syndicats
JACK BARNES

Un guide pour les travailleurs qui cherchent à construire le genre de parti nécessaire pour nous préparer aux batailles de classe qui viennent, dans lesquelles nous nous révolutionnerons, révolutionnerons nos syndicats et révolutionnerons toute la société. 23 $ US. Aussi en anglais, espagnol, farsi et grec.

WWW.PATHFINDERPRESS.COM

LIVRES QUI COMPLÉMENTENT CELUI-CI

Sont-ils riches parce qu'ils sont intelligents ?
Classe, privilège et apprentissage sous le capitalisme
JACK BARNES

Une réponse aux couches bien payées de la classe moyenne qui voient les travailleurs de toutes couleurs de peau comme de simples « détritus », qui pensent que leur propre « intelligence » les rend compétentes pour « réglementer » la vie des travailleurs. 10 $ US. Aussi en anglais, espagnol et farsi.

Le bilan anti-ouvrier des Clinton
Pourquoi Washington craint les travailleurs
JACK BARNES

Ce que les travailleurs doivent savoir sur le cours, axé sur le profit, des démocrates et des républicains au cours des 30 dernières années. L'éveil politique des travailleurs qui cherchent à comprendre et à résister aux attaques des dirigeants capitalistes. 10 $ US. Aussi en anglais, espagnol, farsi et grec.

Une révolution socialiste est-elle possible aux États-Unis ?
Un débat nécessaire entre travailleurs
MARY-ALICE WATERS

« Oui » répond l'auteure sans hésiter. Possible mais pas inévitable. Ça dépend de ce que font les travailleurs. 7 $ US. Aussi en anglais, espagnol et farsi.

La série Teamster
FARRELL DOBBS

Des grèves de 1934, qui ont obtenu la reconnaissance du syndicat, à la lutte des travailleurs ayant une conscience de classe pour s'opposer à l'entrée de Washington dans la deuxième guerre mondiale. Quatre tomes, 16 $ US chacun. En anglais et en espagnol. Le premier tome existe en français.

En défense de la classe ouvrière américaine
MARY-ALICE WATERS

En 2018, s'appuyant sur les meilleures traditions de lutte des travailleurs de toutes couleurs de peau et origines nationales, des dizaines de milliers de travailleurs, dans des États comme la Virginie-Occidentale, l'Oklahoma et la Floride, ont mené des grèves victorieuses et obtenu le rétablissement du droit de vote pour d'anciens prisonniers. Ceux qu'Hillary Clinton qualifie de « déplorables » ont commencé à riposter. 7 $ US. Aussi en anglais, espagnol et farsi.

L'histoire du trotskysme américain, 1928-1938
Le rapport d'un participant
JAMES P. CANNON

« Le trotskysme n'est pas un nouveau mouvement, une nouvelle doctrine, écrit Cannon, mais la restauration, la renaissance du marxisme véritable tel qu'il a été exposé et appliqué au cours de la révolution russe et des premiers jours de l'Internationale communiste. » 17 $ US. Aussi en anglais et en espagnol.

WWW.PATHFINDERPRESS.COM

ÉLARGISSEZ VOTRE ARSENAL RÉVOLUTIONNAIRE

Cuba et la révolution américaine à venir
JACK BARNES

Un livre sur les luttes des travailleurs dans le cœur impérialiste, sur les jeunes que ces luttes attirent et sur l'exemple donné par le peuple cubain que la révolution est non seulement nécessaire, mais qu'on peut la faire. Ce livre porte sur la lutte de classe aux États-Unis, où les capacités révolutionnaires des travailleurs et des agriculteurs sont aujourd'hui aussi totalement ignorées par les puissances dirigeantes que celles des travailleurs et paysans cubains. Et tout aussi à tort. 10 $ US. Aussi en anglais, espagnol et farsi.

Malcolm X parle aux jeunes

« La jeune génération de blancs, de Noirs, de bruns, de n'importe quelle couleur — vous vivez une époque de révolution, » dit Malcolm X en décembre 1964. « Quant à moi, je me joindrai à quiconque, je me fiche de votre couleur, veut changer la condition misérable qui existe sur cette terre. » Une entrevue et quatre discours. 12 $ US. Aussi en anglais, espagnol, farsi et grec.

Les cosmétiques, la mode et l'exploitation des femmes
JOSEPH HANSEN, EVELYN REED, MARY-ALICE WATERS

Comment le grand capital joue sur le statut de deuxième classe et l'insécurité sociale des femmes pour vendre des cosmétiques et empocher des profits. Et comment l'entrée de millions de femmes dans la main-d'œuvre, durant et après la deuxième guerre mondiale, a transformé la société de manière irréversible. 12 $ US. En anglais, espagnol et farsi.

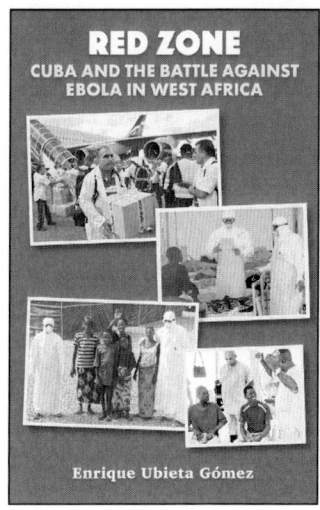

Zone rouge
Cuba et la bataille contre l'Ebola en Afrique de l'Ouest
ENRIQUE UBIETA GÓMEZ

En 2014, l'Afrique de l'Ouest a été frappée par la plus grande épidémie jamais enregistrée du virus Ebola. En réponse à un appel international à l'aide, le gouvernement socialiste révolutionnaire de Cuba a fourni ce qu'aucun autre pays n'a même essayé de fournir : 250 médecins et autres spécialistes de la santé publique cubains volontaires. 17 $ US. En anglais et en espagnol.

Le Manifeste communiste
KARL MARX, FRIEDRICH ENGELS

Le communisme, disent les dirigeants fondateurs du mouvement révolutionnaire des travailleurs, ne découle pas de principes préconçus, mais de la ligne de marche de la classe ouvrière vers le pouvoir, un mouvement généré par « une lutte de classe existante, un mouvement historique qui s'opère sous nos yeux. » 5 $ US. Aussi en anglais, espagnol, farsi et arabe.

Leur Trotsky et le nôtre
JACK BARNES

Pour diriger les travailleurs vers la victoire dans une révolution, il faut un parti révolutionnaire de masse dont les cadres, longtemps à l'avance, ont intériorisé un programme communiste international, ont une vie et un travail prolétariens, prennent plaisir à faire de la politique et ont forgé une direction dotée d'un sens aigu de ce qu'il faut faire. Ce livre discute comment construire un tel parti. 12 $ US. Aussi en anglais, espagnol et farsi.

WWW.PATHFINDERPRESS.COM

LECTURES SUPPLÉMENTAIRES

Notre histoire s'écrit toujours
L'histoire de trois généraux cubains d'origine chinoise dans la révolution cubaine

ARMANDO CHOY, GUSTAVO CHUI, MOISÉS SÍO WONG, MARY-ALICE WATERS

« Quelle a été la principale mesure pour combattre la discrimination contre les Chinois et les Noirs à Cuba ? Ça a été la révolution socialiste elle-même. » À travers l'expérience des auteurs, nous voyons comment des millions d'hommes et de femmes ordinaires à Cuba ont changé le cours de l'histoire et se sont transformés en le faisant. 15 $ US. Aussi en anglais, espagnol, farsi et chinois.

Thomas Sankara parle
La révolution au Burkina Faso, 1983-1987

THOMAS SANKARA

Sous la direction de Thomas Sankara, le gouvernement révolutionnaire du Burkina Faso en Afrique de l'Ouest a mobilisé les paysans, les travailleurs, les femmes et les jeunes pour alphabétiser la population ; creuser des puits, planter des arbres, construire des maisons ; combattre l'oppression des femmes ; effectuer une réforme agraire ; se joindre à d'autres, en Afrique et dans le monde, pour se libérer du joug impérialiste. 20 $ US. Aussi en anglais.

L'émancipation des femmes et la lutte de libération de l'Afrique
THOMAS SANKARA

« Il n'y a pas de véritable révolution sociale sans la libération des femmes, » explique le dirigeant de la révolution de 1983-1987 au Burkina Faso. 5 $ US. Aussi en anglais, espagnol et farsi.

Nouvelle Internationale
UNE REVUE DE POLITIQUE ET DE THÉORIE MARXISTES

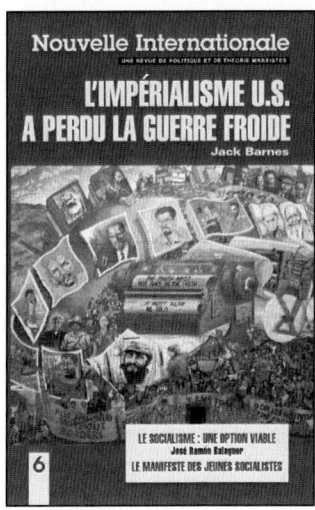

NOUVELLE INTERNATIONALE N° 6
L'impérialisme U.S. a perdu la guerre froide
JACK BARNES

L'effondrement il y a un quart de siècle des régimes qui prétendaient être communistes en Europe de l'Est et en URSS n'a pas voulu dire que les travailleurs et les agriculteurs de ces pays y avaient été écrasés. Dans les conflits et les guerres intercapitalistes qui s'aiguisent aujourd'hui, ces travailleurs deviennent un obstacle insurmontable au progrès du capitalisme et acquièrent dans la lutte une expérience de direction. Aussi en anglais, espagnol, farsi et grec.

En défense de la terre et du travail

« Tout progrès dans l'agriculture capitaliste est non seulement un progrès dans l'art de piller le travailleur, mais aussi dans l'art de piller le sol. […] Par conséquent, la production capitaliste ne se développe qu'en ruinant dans le même temps les sources vives de toute richesse : la terre et le travailleur. » — Karl Marx, 1867

QUATRE ARTICLES

DANS *NOUVELLE INTERNATIONALE* N° 8
- **Notre politique commence avec le monde**
  JACK BARNES
- **L'agriculture, la science et les classes travailleuses**
  STEVE CLARK
- **Le capitalisme, le travail et la transformation de la nature : un échange**
  RICHARD LEVINS, STEVE CLARK

DANS *NOUVELLE INTERNATIONALE* N° 9
- **L'intendance de la nature incombe aussi à la classe ouvrière**
  JACK BARNES, STEVE CLARK, MARY-ALICE WATERS

14 $ US chacun

WWW.PATHFINDERPRESS.COM

PATHFINDER DANS LE MONDE

Pour obtenir une liste complète de nos titres ou en commander, visitez

www.pathfinderpress.com

LES DISTRIBUTEURS DES ÉDITIONS PATHFINDER

ÉTATS-UNIS
(et Amérique latine, Antilles et Asie de l'Est)
Pathfinder Books, 306 W. 37th St., 13ᵉ étage
New York, NY 10018

CANADA
Livres Pathfinder, 7107, rue St-Denis, suite 204
Montréal, QC H2S 2S5

ROYAUME-UNI
(et Europe, Afrique, Moyen-Orient et Asie du Sud)
Pathfinder Books, 5 Norman Rd.
Seven Sisters, Londres N15 4ND

AUSTRALIE
(et Asie du Sud-Est et Pacifique)
Pathfinder Books, Suite 22, 10 Bridge St.
Granville, Sydney, NSW 2142

NOUVELLE-ZÉLANDE
Pathfinder Books, 188a Onehunga Mall Rd., Onehunga, Auckland 1061
Adresse postale : P.O. Box 13857, Auckland 1643

Adhérez au club des lecteurs de Pathfinder
et obtenez un rabais de 25 pour cent sur tous les titres de Pathfinder et de plus grands rabais sur les offres spéciales.
Contactez www.pathfinderpress.com
ou les distributeurs qui précèdent.